Gottfried Richter · Briefe an Schnupper

AF238507

Gottfried Richter

# *Briefe*
## an Schnupper

MAYER

**Bibliografische Information Der Deutschen Bibliothek**
Die Deutsche Bibliothek verzeichnet diese Publikation in der
Deutschen Nationalbibliografie; detaillierte bibliografische Daten
sind im Internet über http://dnb.ddb.de abrufbar.

ISBN 978-3-86783-019-5

© 2010 Verlag Johannes M. Mayer, Stuttgart
Umschlag: Klaus Dempel, Stuttgart
Satz: de·te·pe, Aalen
Druck und Bindung: GGP Media GmbH, Pößneck

# Inhalt

# Geleitwort

»Schnupper« heißt eigentlich Beate und ist die Tochter des Autors, der als Soldat 1943/44 meist in nächtlichen Kampfpausen bei der Flak diese Briefe an sie schrieb, die zum ausschließlichen Inhalt die Schilderung der Evangelien haben.

Gottfried Richter schöpft dabei aus seiner tiefen Kenntnis des Christentums. 1927 wurde er Priester in der Christengemeinschaft, die 1941 verboten wurde. Nach dem Krieg konnte die Arbeit fortgeführt und ausgeweitet werden. Viele Gemeinden entstanden und neue Kirchen wurden gebaut. In Ulm war es Gottfried Richter, der 35 Jahre bis zu seinem Tod 1980 dort wirkte. Er war auch ein ideenreicher und gedankenklarer Autor, der in seinen Werken zur Religions- und Kunstgeschichte immer wieder unter Beweis stellen konnte, wie der auf hohem Niveau geschriebene Text gerade bei anspruchsvollen Inhalten zum schöpferischen Erlebnis für den Leser selbst werden kann.

Die neun Briefe an »Schnupper« gehörten zu den wenigen Habseligkeiten, die 1945 auf der Flucht von Breslau in den Westen in einem kleinen Kinderkoffer mitgenommen wurden. Sie sind ein bewegendes Zeitzeugnis und strahlen in der imaginativen Sprache Richters ungemindert bis heute eine Innigkeit und Klarheit aus, die ebenso zeitlos ist wie ihr Inhalt.

Mit etwas Papier, einem Stift und der Liebe zu seiner Tochter konnte Richter diese wunderbaren Worte finden, die in ihrer Wirkung polar zu seiner damaligen, vom Krieg geprägten Lebensumgebung stehen. So war es ihm möglich, trotz aller äußeren Hindernisse seine Tochter auf die Konfirmation vorzubereiten. Er wählte eine Diktion, die dem Kind gemäß sein musste, aber auch die spirituelle Tiefe des Evangeliums erfahrbar machen sollte. Das hieß, die Sphäre des Christuswirkens so einzubeziehen, wie es eigentlich nur das gesprochene Wort erlaubt hätte. Und es gelang! Beate erinnert sich bis heute, »wie sehr ich sie als lebendige, farbige Schilderung erlebte und dass mir das Evangelium dadurch bildhaft nahe gebracht wurde«. Darin liegt auch das Besondere der Briefe für uns heute. Der Leser wird einen Weg geführt zu dem Wirken des gegenwärtigen Christus. Man taucht ein, eigentlich müsste man sagen, man wacht auf in IHM und erlebt die eigene Seele erfüllt, geweitet und von Frieden durchströmt. In diesem Sinne darf man vielleicht diese Texte auch als eine Arznei bezeichnen – sie belehren nicht, sondern ernähren und heilen.

Damit erheben sie sich über den Charakter eines Zeitzeugnisses hinaus und können besonders im Leben der Familie ihren inneren Glanz entfalten. Lehrer und Priester finden in ihnen ein Beispiel, mit welcher Gesinnung und welchem Einfühlungsvermögen die Wirklichkeit des Christentums erfahrbar ist und vermittelt werden kann.

So bin ich dankbar, dass Beate Schwarz diese Briefe vielen Menschen zugänglich macht. Ein Dank gilt auch dem Verleger Johannes M. Mayer.

Stuttgart, im Herbst 2009                    Martin Merckens

# Erster Brief

Was ich Dir, mein lieber Schnupper, in diesen Briefen schreibe, möchte ich Dir viel lieber erzählen. So, dass Du zwischenhinein fragen kannst, und dass ich bald mehr von dem, bald von jenem erzähle, wie's einem so einfällt, wenn man jemandem gegenübersitzt und merkt, dass er von dem oder jenem noch mehr wissen und erfahren sollte oder möchte. Aber man kann ja immer nur tun, was möglich ist. Und so will ich's doch auf diese Weise versuchen. Du wirst mir ja auch mal schreiben und kannst mich dann ja fragen oder kannst auch die Mutter fragen, wenn Du etwas nicht recht verstehst oder von etwas noch mehr wissen willst.

Ich will Dir von einem Evangelium erzählen in diesen Briefen. Man sagt: ein Evangelium. Und man meint damit eines der »Bücher« des Neuen Testamentes, das ja aus vielerlei einzelnen Schriften besteht. Eigentlich müsste man sagen – und so hat man früher auch gesagt, und im griechischen Urtext steht es heute noch so –: vom Evangelium nach einem der vier Evangelisten. »Eu-angellion« heißt es und man müsste es übersetzen: die schöne, die gute Engelsbotschaft. Vier solche Bücher gibt es, die den Titel tragen: Eu-angellion nach …

Vier verschiedene Bücher. Aber an der Art, wie das formuliert ist, siehst Du, dass es eigentlich eins ist, was sich durch diese vier ausspricht, nur immer wieder anders.

Und Du siehst gleichzeitig, weshalb diese Bücher immer für etwas so ganz besonders Heiliges und Ehrwürdiges angesehen wurden. Was sie mitteilen, ist nicht eine Botschaft von Menschen an andere Menschen, sondern eine Botschaft aus dem Reich der Engel, aus dem Reich der Himmel.

Das aber ist nun nicht – und das ist eins der Dinge, auf die man gleich gut achten muss als auf eins der Wunder, die um diese Bücher weben – das ist nun nicht irgendwo weit weg, jenseits irgendwo. Die Orte, die da genannt werden, liegen alle auf der Landkarte, und man kann dahin reisen. Und von Menschen und ihren Schicksalen wird erzählt. Das Reich der Himmel, von dem, aus dem heraus sie erzählen, ist auf der Erde, mitten unter den Menschen. Und das wird in allen vieren gleich am Anfang als etwas ganz Neues und Großes verkündet: »das Reich der Himmel ist nahe herbeigekommen!« Das heißt: es ist nicht mehr in der Ferne irgendwo! Hier auf der Erde ist's von nun an! Hier und jetzt! Wer aber ist's, der dies Himmelreich auf der Erde begründet? Der es heruntergeholt hat, dass es nun hier unter uns wächst? – Das ist der Christus. Von ihm und seiner Tat erzählen die Evangelien.

Warum aber gibt es nun vier? Wäre es denn nicht ebensogut, es gäbe nur ein einziges, in dem alles das zusammengefasst und geordnet wäre, was in den vieren steht? Noch dazu, wenn man dann entdeckt, dass sie ja vielfach das Gleiche erzählen, manchmal aber auch sich richtig zu widersprechen scheinen, und manches so verschieden erzählen, dass es gar nicht leicht ist, sich durchzufinden? Das ist schon eine Frage.

Willst Du das verstehen, dann stelle Dir einmal das Folgende vor: Denke Dir, da sei in einer Landschaft –

irgendwo – plötzlich – durch ein Erdbeben etwa – ein ungeheurer Berg emporgewachsen. Ein ganz ungeheurer und sehr, sehr hoher Berg, dessen Gipfel bis in die Wolken ragt. Ein Berg, höher als alle Erdenberge, die wir kennen. Und nun machten sich die Leute dran, dies Ungeheure zu erkunden und zu beschreiben. So groß ist dieser Berg, dass weit von einander entfernte Menschen nun an seinem Fuße leben und zu ihm aufblicken. Von Morgen machten sie sich auf und von Abend und von Mittag und von Mitternacht. So ungeheuer aber war dieser Berg, dass keiner ihn ganz zu bewältigen, jeder nur seine Seite erforschen und beschreiben konnte. – Und als man dann die Bücher zusammenlegte, da sah man, dass sie den Berg ganz verschieden beschrieben – und doch war es der gleiche Berg. Und man brauchte sie alle, um den ganzen Berg kennenzulernen.

Siehst Du, genau so ist es mit den vier Evangelien. Was da geschehen, der da unter sie getreten war, war so ungeheuer, so alles Menschenmaß übersteigend, dass kein Mensch auch nur annähernd groß genug war, einen hinreichenden Bericht zu geben. So entstanden eben mehrere. Und nun haben wir vier – wie wir vier Himmelsrichtungen haben. Und die Namen der vier Evangelisten sind: Matthäus, Markus, Lukas und Johannes.

Wer sind die nun gewesen? Nun, es waren Menschen, und wir wissen ein wenig von ihnen. Zwei – Matthäus und Johannes – gehörten zu dem Kreis der zwölf Jünger. Lukas war ein Arzt. Markus war ein Freund des Paulus. Es gibt nun viele Menschen, die sagen: ja, diese vier können doch nicht die Schreiber dieser Bücher gewesen sein. Denn die allerältesten Handschriften, die wir haben, sind erst ein paar hundert Jahre später geschrieben.

Aber das ist gar kein stichhaltiger Einwand. Wie es wirklich gewesen ist und wie es die Menschen früher in ehrfürchtigen Seelen ganz richtig empfunden haben, das kann man sehen, wenn man einmal die Evangelisten-Bilder aus dem Otto-Evangeliar anschaut. Du findest Abbildungen davon in dem dünnen Buch Altdeutsche Malerei (oder heißt's Älteste deutsche Malerei?). Da sieht man hoch oben in der Bildmitte einen bärtigen Alten thronen mit großen, großen Augen. Um ihn sind Wolken und Blitze, und Könige und Gestalten von Propheten blicken draus hervor. Das sind die Evangelisten. Ganz unten aber und ganz klein sitzen zwei Gestalten, die blicken auf zu ihm, und die schreiben in Bücher.

Es ist so gewesen: Die Jünger, also auch diese vier, hatten wieder Jünger, und die wieder und so fort. Und da gab es nun welche, die sagten: wir gehörten zur Schule, zur Jüngerschaft des Matthäus. Andere: zu der des Johannes und so fort. Mit großer Ehrfurcht dachten sie an den Lehrer des Lehrers ihres Lehrers, der mit dem Christus-Jesus zusammen gewesen war. Alles, was sie als Lehre empfingen – wussten sie, – ging schließlich auf ihn zurück. Und es konnte wohl geschehen, dass sie von dem Wesen dieses Urlehrers, der ja längst gestorben, aber deshalb ja nicht tot, nur eben »drüben« war, sich berührt fühlten. Und als sich nun Menschen daran machten, das aufzuschreiben, was ihnen bisher nur mündlich überliefert war, da taten sie's, indem sie sich erhoben, indem sie aufschauten zu diesem ihrem großen Lehrer. Und aus seinem Wesen heraus schrieben sie. Wer also hat nun die Evangelien geschrieben? Nicht wahr, wollte man sagen: das waren einige Unbekannte im 3. oder 4. Jahrhundert, das wäre nicht anders, als wenn man sagte: den Faust oder den Wilhelm Meister oder all die schönen Gedichte, die hat gar nicht der Goethe geschrieben, sondern sein alter Diener (dem er sie diktiert hat). »Aufgeschrieben« haben sie andere, aber wirklich geschrieben haben doch die vier.

Auf diesen Bildern siehst Du dann noch etwas Wichtiges. Bei jedem der Evangelisten ist ein Tier abgebildet: ein Löwe bei Markus, ein Stier bei Lukas, ein Adler bei Johannes, der Engelmensch bei Matthäus. Das sind ururalte Bilder, über die wir später einmal sprechen wollen. Für heute nur so viel: das sind ja Bilder des großen Sternenkreises, durch den die Sonne wandert; zwei sind ganz unverändert. Der Engelmensch steht anstelle des Wassermanns. Und der Adler ist der Verwandler des Skorpions. Diese vier: ♌ (Löwe), ♉ (Stier), ♒ (Wassermann), ♏ (Skorpion), stehen einander im Kreuz gegenüber. Und das will nun sagen: dort im ♉ wohnt der Lukas, im ♌ der Markus usw. Aus vier Weltgegenden her schauen sie auf das ungeheure Erden-Ereignis, das Eintreten des Christus in die Erdenwelt, die Begründung des Himmelreichs im Reich der Erde. Von vier Weltgegenden her schauen sie darauf und berichten davon. Bringen »die schöne, die gute Engelsbotschaft«.

Von einem dieser Evangelien, dem des Matthäus, wollen wir nun sprechen.

# Zweiter Brief

Heute, mein lieber Schnupper, will ich nun beginnen, Dir etwas über das Matthäus-Evangelium zu schreiben. Wir können ja natürlich gar nicht daran denken, in der kurzen Zeit bis Ostern das ganze Buch wirklich durchzunehmen. Ganz abgesehen davon, dass man mit diesen Büchern »fertig« nie wird. Immer haben sie wieder neue Geheimnisse zu enthüllen. Was wir da miteinander unternehmen wollen, ist nicht mehr als eine Art erstes Durchblättern, wo man dann hier und da einmal anhält, um bald dieses, bald jenes Bild ein wenig zu betrachten. Am Ende weiß man dann doch wenigstens, was man in diesem Buch suchen kann.

Βίβλος γενέσεως Ἰησοῦ Χριστοῦ (Biblos geneseōs Jesū Christū) – so fängt es an. Und wenn man das übersetzen will, was so gleichsam als Überschrift über dem Ganzen steht, spürt man gleich etwas davon, wie voll von Geheimnissen das ist. Gleich das zweite Wort ist eines, über das man nicht so mit einem Schritt hinwegsteigen kann. Geneseos, der zweite Fall des Wortes Genesis, kommt her von dem Wort gignesthai = »werden« oder »geboren werden«. »Das Buch von der Geburt« oder »Das Buch vom Werden des Christus Jesus« müsste man also übersetzen. Nun handelt ja aber doch von der »Geburt«, wie man das Wort so zunächst versteht, nur das erste Kapitel. Also muss doch noch mehr damit gemeint sein.

Um das zu verstehen oder wenigstens zu ahnen in seiner Bedeutung, wollen wir uns einmal den letzten Satz des ganzen Buches anschauen. Der heißt: »Und sieh, ich bin in Eurer Mitte bis zur Vollendung des Zeitenkreises.« Da sagt der Christus »Ich bin«. Jetzt, gleichsam, ist er erst da, ganz da. Nach den Ereignissen von Ostern nämlich. Als ob die die Vollendung der Geburt, des Werdens gewesen wären. Und alles was dazwischen steht, ist ein immer fort und fort schreitendes Werden.

Du wirst das noch besser verstehen, wenn wir erst beim letzten Kapitel angelangt sein werden. Da wollen wir dann auf diesen Anfang zurückblicken. Aber das können wir uns doch jetzt schon sagen: Matthäus meint also, dass dieses ganze Leben ein fortwährendes Werden, ein immer mehr und mehr geboren werden ist. Und die letzte Geburt – das ist der Tod.

So ist es ja auch. Der Mensch, wenn er wirklich Mensch sein will, ist nie fertig. Er ist immer auf dem Weg. Er ist immer ein Werdender. Das ist sein unendliches Vorrecht gegenüber allen andern Erdenwesen. Der Stein, wenn er zum Kristall geworden ist, ist fertig und kann höchstens zerfallen. Die Pflanze, wenn sie erblüht ist, faltet sich in der Frucht gleichsam wieder zusammen und »entwird«. Man kann das natürlich auch als einen immer fortwährenden Kreislauf des Werdens anschauen. Aber es ist eben ein Kreislauf, es ist immer wieder das Gleiche. Es ist kein Fortschreiten. Und das Tier ist sehr bald nach seiner Geburt »fertig«. Wenn es erst ausgewachsen ist, wird es nur noch allmählich alt. Nur der Mensch bleibt ewig jung, ist ewig ein Werdender, der durch immer neue Verwandlungen schreitet.

Freilich – was ihm so bestimmt ist, das erfüllt er nicht immer. Die meisten Menschen hören sehr bald schon auf mit dem Werden. Und ganz erfüllt's wohl keiner. Auch die ganz Großen nicht. Aber einer hat's erfüllt, das Urbild des Menschen – der Christus. Und ihm war noch die letzte Verwandlung, der Tod, nur die letzte, die schmerzlichste wohl, aber auch die vollkommenste Geburt.

Das ist das Geheimnis, das in diesem Wort steckt, und das wir nun schon ein wenig ahnen, nicht wahr. Aber es ist noch ein zweites Geheimnis darin.

Das Wort »Genesis« ist ja schon vorher die Überschrift eines Buches gewesen – des ersten Buches der Bibel überhaupt, in dem die Schöpfungsgeschichte erzählt wird. Das heißt: die Genesis. Das ist das Buch von der Erschaffung der Welt. Und dies hier nun, ist »das Buch Genesis« des Christus Jesus. Es ist das Buch also von der anderen, von der Neu-Schaffung der Welt durch den Christus Jesus.

So viel, siehst Du, steckt in einem einzigen Wort verborgen. Und Du fühlst wohl auch, dass man darüber noch lange nachsinnen könnte und noch lange nicht am Ende damit ist. Und wenn wir so durch das ganze Evangelium gehen wollten, würden wir nie fertig auch nur mit diesem einen Buch. Aber hier mussten wir doch einen Augenblick verweilen, dass wir da am Eingang etwas spüren, wie da gleichsam eine ungeheure feierliche Pforte errichtet und aufgetan ist, durch die man nicht hindurchschreiten kann, ohne einen Augenblick wenigstens den Blick zu ihr erhoben zu haben: Βίβλος γενέσεως Ἰησοῦ Χριστοῦ .

Und nun wollen wir heute noch die ersten beiden Kapitel betrachten, die so etwas wie eine Vorhalle sind.

Eine Vorhalle voller Gestalten, in der man lange, lange verweilen könnte.

Aber wir wollen für heute nur auf eine Figur schauen, auf ein Bild, das die andern alle überstrahlt, und nach dem sie alle geordnet sind. Das ist der Stern. Er durchstrahlt und durchwirkt alles, was da geschildert ist. Und was auch sonst dargestellt ist – alles erzählt von seiner Macht.

Was ist das alles? – Da steht zunächst die Ahnentafel Jesu, »das Geschlechterregister« wie man sagt, dann – ganz kurz und wie verhüllt – die Geburtsgeschichte; weiter die Erzählung von den drei Königen, vom Kindermord, von der Flucht nach Ägypten und schließlich die Rückkehr. Von dem Stern wird nur bei den Königen erzählt. Aber Du wirst gleich sehen, wie ich das meine, dass er wirklich alles durch- und überstrahlt.

Da ist zunächst die Ahnentafel. Für Dich sind das jetzt – wie mehr oder minder für uns alle heute – nur einfach Namen, mit denen sich nicht viel verbindet, und deren Aufzählung eigentlich nur ermüdend ist. Damals aber traten dem Leser oder Hörer damit ebensoviel Gestalten ganz lebendig entgegen. Von jedem wusste man viele Geschichten. Man kannte die alle. Und es ist noch heute gar kein fruchtloses Studium, sich alle die Geschichten zusammenzusuchen und sich diese Gestalten lebendig zu machen. Für heute aber soll uns nur interessieren, was da am Schluss steht: dass von Abraham bis David 2 × 7, von David bis zur babylonischen Gefangenschaft 2 × 7 und von da bis zu dem Sohn des Josef und der Maria wieder 2 × 7 Glieder sind – oder drei mal vierzehn Glieder. Das Ganze ist also geordnet nach einem bestimmten Gesetz, von einem bestimmten

Rhythmus durchzogen. Und geordnet ja nicht von Matthäus sondern – ja von wem? Von den waltenden göttlichen Mächten, die all die Geschehnisse der Jahrhunderte zuvor regierten. Da sehen wir: seit vielen vielen Jahrhunderten ist alles schon hingeordnet auf den Einen, der dann kam, als die Zeit erfüllt war. Und wir können das, was wir vorhin betrachtet haben, das Wort »Genesis«, nun schon wieder in einem neuen Lichte sehen: dies »Werden« des Christus setzt sich nicht nur in die Zukunft, sondern auch in die Vergangenheit fort. Schon seit undenklichen Zeiten überschwebt sein Werden die Geschehnisse, wie Menschen zueinandergeführt werden, wie der Sohn auf den Vater folgt – überschwebt die Geschehnisse und ordnet sie geheimnisvoll. Damals, als sie geschahen, hätte noch keiner zu sagen gewusst, warum und wozu, und hätte keiner den tiefen geheimnisvollen Sinn einer ordnenden Hand darin gespürt. Aber nun, da alles vollendet ist – da sieht man plötzlich: ach, es musste ja so sein. Es ist alles kein Zufall gewesen. Und tiefe Ehrfurcht kann einen erfüllen vor diesem weisen, geheimnisvollen Walten göttlicher Mächte.

Die aber treten nun im Folgenden unmittelbar hervor, wenn erzählt wird, wie dem Josef dreimal der Engel erscheint und ihm sagt, wie er sich verhalten soll. Da tritt die Welt der Schicksalsführung, die für gewöhnlich verborgen waltet, unmittelbar hervor, wenn auch nur in Traumbildern. Aber doch: es ist der Engel. Der Engel des Christus, der ihre Schritte leitet.

Und wie er das tut!

Da ist die Geschichte von dem Kindermord. Wir können auch darauf jetzt nicht näher eingehen. Nur eines sehen wir gleich auf den ersten Blick: er ist die Ursache, dass Josef mit Maria und dem Kind Jesus nach Ägypten zieht. War das denn wichtig? – Wir können das nur ahnen; aber es muss ungeheuer wichtig gewesen sein. Ägypten war ja das Land, in dem eine unendlich Weisheit lebendig gewesen war. All die ungeheuren Tempel, die gewaltigen Pyramiden, die herrlichen Statuen, alles war aus einer tiefen Weisheit heraus geschaffen und barg diese Weisheit in sich. Eine Weisheit, die ganz durchdrungen war von dem Wissen, dass und wie göttliche Mächte die Welt durchwalten. Wohl war die große Zeit Ägyptens damals längst vorbei, die Zeit, wo aus allen Ländern die Weisheitsuchenden nach Ägypten in die Tempelschulen zogen. Aber noch standen die Tempel, die nach geheimnisvollen Maßen gebaut waren. Noch standen die Pyramiden, in deren Bau geheimnisvolle Weltgesetze hineingebaut waren. Noch standen die Memnonssäulen, die geheimnisvoll aus sich ertönten, wenn der Strahl der aufgehenden Sonne sie traf. Und noch standen die großen Sphinxe, das Viergetier: Löwe, Adler, Stier und Mensch.

Das war die Umgebung, in der das Kind Jesus seine ersten Lebensjahre zubrachte. Und nicht wahr, man kann sich schon denken, dass das nicht gleichgültig ist, was ein Kind als erste, allererste Eindrücke gewinnt von seiner Umgebung.

So wird der Schlag des Herodes, des dunklen Königs, nach dem Kind zu etwas, was es grade fördert. Doch das Böse muss schließlich dienen. Und es ist eines von den Ereignissen, wie man sie oft trifft: dass einer gegen seinen eigenen bösen Menschenwillen, ja grade indem er den ausführt, dem guten Gotteswillen dient.

Das hat mit am schönsten C. F. Meyer dargestellt in seinem Gedicht: »Ja«.

Als der Herr mit mächt'ger Schwinge
Durch die neue Schöpfung fuhr,
Folgten in gedrängtem Ringe
Geister seiner Flammenspur.

Seine schönsten Engel wallten
Ihm zu Häupten selig leis,
Riesenhafte Nachtgestalten
Schlossen unterhalb den Kreis.

»Eh ich euren Reigen löse«,
Sprach der Allgewalt'ge nun,
»Schwöret, Gute, schwöret, Böse,
Meinen Willen nur zu tun!«

Freudig jubelten die Lichten:
»Dir zu dienen, sind wir da!«
Die zerstören, die vernichten,
Die Dämonen, knirschten: »Ja.«

Und dann folgt die Rückkehr. Sie ziehen nicht nach
Bethlehem in Judäa zurück, sondern nach Nazareth in
Galiläa. Auch das war von ungeheurer Wichtigkeit.
Weshalb, das werd ich Dir freilich erst später erzählen
können.

Nun wollen wir aber noch auf eines achten, was all
diese Geschichten durchzieht. Da wird immer wieder
gesagt: »Damit erfüllt werde, was durch die Propheten
gesagt wurde...« Nicht wahr, da wird man wieder durch
die Jahrhunderte zurückgewiesen. Da ist hier und da
und dort, in dem Jahrhundert und wieder in jenem –
da sind Menschen gewesen, sehr Fromme, die plötzlich

etwas geahnt haben von dem, was sich vorbereitet, was da heimlich geordnet wird, mit einem so unendlich langem Atem, durch Jahrhunderte und Jahrtausende mit unendlicher Ruhe und Geduld und Weisheit. Und nun erfüllt sichs! Die ganze wunderbare weisheitsvolle Geordnetheit der Welt leuchtet auf wie – ja wie die wunderbaren Sternbilder am nächtlichen Himmel.

Und nun, siehst Du, sind wir bei dem Stern angelangt, den die Könige sahen, dem sie folgten und der über dem Kinde leuchtet. Sternen-Ordnung, Himmels-Ordnung, göttliche Weisheit waltet über der Geburt, waltet in dem Werden dieses Kindes. Sie waltet über jedem Menschenwerden. Ueber jedem Menschen, auch über Dir, leuchtet sein Stern. Dieser aber überstrahlte alle anderen. Denn der da unter ihm geboren war, war ja der Allergrößte, der für alle kam.

Von diesen Dingen zu wissen, hat man immer für etwas Königliches gehalten. Und dass die Könige eine Krone trugen, war nur ein Abbild des großen Sternenkreises, ein Zeichen, dass ihre Gedanken eintauchten in die heilige Weltenordnung.

Und nur als allerletztes wollen wir nun noch einen Blick auf die Ahnentafel zurückwerfen. Da steht: David. Der König. Und nach ihm Salomo. Der König. Der König, der so weise war, dass von weither sie zu ihm kamen und ihm demütig Geschenke brachten. Sie sind die Ahnen dieses Kindes. Aus königlichem Geschlecht stammt es. Und Könige kommen und neigen sich vor ihm. Denn sie haben seinen Stern gesehen. Sie haben etwas geahnt von dem unendlichen Schicksal, das da ordnend waltet – seit undenklichen Zeiten – in eine ferne, ferne Zukunft hinein.

Nicht wahr, nun verstehst Du, wie ich das meinte: der Stern überstrahlt, durchstrahlt all diese Bilder und Geschehnisse, die in diesen beiden Kapiteln vor uns hingestellt werden. Und Du spürst in Deinem Herzen, wie groß und herrlich das ist, was, wie ich sagte, wie eine Vorhalle sich vor dem eigentlichen Christus-Leben auftut.

Davon wollen wir dann das nächste Mal zu sprechen beginnen.

# Dritter Brief

Heute, mein lieber Schnupper, wollen wir nun beginnen, das eigentliche Christus-Leben, das Leben des Christus-Jesus, wie es uns Matthäus schildert, zu betrachten. Denn was in den ersten beiden Kapiteln geschildert war, ist ja nur Jesus-Leben. Was das für ein Unterschied ist, davon gleich.

Schlagen wir nun das dritte Kapitel auf, so steht da freilich zunächst noch eine andre Gestalt. Sie steht gleichsam an der Türe von der Vorhalle zu dem eigentlichen großen Tempelbau dieses Buches. Das ist die Gestalt Johannes des Täufers. Von ihm müssen wir zunächst ein wenig sprechen.

Johannes, der Sohn der Elisabeth und des Zacharias, war ja fast gleichaltrig mit Jesus von Nazareth. Ein halbes Jahr älter war er nur. Aber zu der Zeit wo wir ihm hier begegnen – mit 30 Jahren etwa – war zwischen den beiden ein gewaltiger Unterschied. Johannes nämlich war damals ein weithin bekannter, ja berühmter Mann – während von Jesus von Nazareth die Welt nichts wusste, ausgenommen einige ganz wenige Menschen (zu denen auch Johannes selbst gehörte). Die schauten freilich mit großer Ehrfurcht und großen Erwartungen auf ihn hin, den stillen unbekannten Menschen. Johannes aber, von dem sprach damals alle Welt, der erschütterte damals mit seinen gewaltigen Predigten alle Welt. Von weither kamen die Menschen, um ihn zu hören. Tagelange Reisen unternahmen manche zu diesem Zweck. Und es waren Menschen aus allen Kreisen, die ihm zuströmten. Reiche und Arme, Vornehme und Geringe. Priester und Beamte und Bettler und Kaufleute und Handwerker und Soldaten und vornehme Herren. Selbst der König hörte auf seine Worte. Und sein Ruf erscholl weit über die Grenzen des Landes. Viele gab es, die waren von seiner Lehre so erschüttert, dass sie ihr ganzes Leben dafür einsetzen wollten und bei ihm blieben. So sammelte sich um ihn ein großer Kreis von Schülern oder, wie man damals sagte, Jüngern. Und immer mehr und mehr Menschen kamen. Und immer weiter und weiter wuchs sein Ruf. Und das mit Recht. Johannes war ein großer, war einer von den ganz großen Männern. Was aber war es, was ihn so gewaltig ergriffen hatte?

Siehst Du, es gibt Menschen, die wachsen über ihr persönliches Leben hinaus und erwachen zu einem mehr oder minder klaren Erahnen der göttlichen Mächte und Wesen, die in den Schicksalen der Menschen wirksam sind, deren unendliche Güte und Weisheit die Menschenwege lenkt. Solche Menschen können dann auch anderen Helfer und Führer werden.

Dann gibt es Menschen, die noch eine Stufe höher emporwachsen; die nicht nur für die Schicksalswelt des einzelnen Menschen erwachen, sondern für die größeren Mächte und Wesen, die ganze Volksschicksale leiten. Und die können für ein ganzes Volk helfende und führende Kräfte ausstrahlen. Das müssen gar nicht immer Staatsmänner sein. Es können auch Dichter oder Weise sein.

Und schließlich gibt es wenige, die erwachen in die hohen Gottesgeister hinein, die ganze Zeiten lenken, die für die ganze Menschheit, für alle so verschiedenen Völker einer großen Epoche wirksam sind und ihr Schicksal weben.

Zu diesen Menschen gehörte Johannes. Er ahnte etwas von dem, was eigentlich in dieser Zeit geschah. Er hörte gleichsam, was in den geistigen Räumen vor sich ging. Er fühlte, wie diese Zeit erbebte unter ungeheuren Geschehnissen – während die anderen Menschen ihr kleines persönliches Leben fortlebten wie immer und im allgemeinen fanden, dass es eigentlich ganz angenehm war, zu leben.

Und was er erlebte, was ihn erschütterte, das war, dass eine Zeitenwende angebrochen war, wie die Menschheit sie noch nicht erlebt hatte. Dass eine ganze alte Welt zuende ging und eine neue heraufzog. Etwas wie ein gewaltiges Gericht, wie eine große Erntezeit, spürte er, brach an, wo von den Göttern gesondert wurde, was fruchtbar und was unfruchtbar war. Was in die neue Zeit hinübergenommen werden konnte, weil es lebendig war, und was nicht, weil es längst erstorben war. Etwas wie ein gewaltiges Kommen und Gehen hörte er in der Welt, die die eigentlich wirkliche, die eigentlich wirkende Welt ist. Und einen Schritt vor allem vernahm er, von dem er tief erschüttert wurde.

Nicht wahr, man kann ja am Schritt Menschen erkennen. Man hört schon, wer da kommt, auch wenn man ihn noch gar nicht gesehen hat. Etwas vom Wesen des Menschen drückt sich in seinem Schritt aus. Und das, was Johannes da erlauschte, das war wie etwas, was er seit undenklichen Zeiten kannte – und doch wusste er nicht, was es war. Wie ein tief vertrautes Wesen – aber er wusste seinen Namen nicht. Er wusste nur: der da kommt ist uns seit Urzeiten bekannt – und doch wissen wir nichts von ihm. Er ist so groß, dass man in die Knie sinken möchte vor ihm in unendlicher Liebe und Ehrfurcht.

Das waren die Erlebnisse, die Johannes in die Einsamkeit getrieben hatten und die seine Seele so erschütterten, dass er selbst dann in seinen Reden die Menschen erschüttern konnte. Wie ein Gewitter muss das manchmal in seinen Reden gewesen sein. Er steht an der Tür, sagte ich vorhin, von dem Vorraum zum eigentlichen Tempel. Dies Bild gilt noch weiter. Er stand an der Tür der Zeitenwende. Was Matthäus aber von seiner Predigt berichtet, das musst Du nur wie so einige Hauptgedanken, die alle seine Reden durchzogen, auffassen.

Er redete. Und er tat noch etwas: er taufte. Er war an jener merkwürdigen Stelle am Jordan, die eine der merkwürdigsten Stellen der ganzen Erde ist, weil da nämlich die Erde tiefer ist als die Meeresfläche. Man ist dort eigentlich, auch wenn man auf der Oberfläche der Erde steht, im Erdinnern. Davon mag Dir die Mutter noch erzählen und Bilder zeigen. Dort taufte er.

Die Taufe war damals aber etwas ganz anderes als heut. Es waren ja auch nicht Kinder, die getauft wurden, sondern Erwachsene. Das ging so vor sich, dass die Menschen, die meinten, dazu bereit zu sein – Menschen also, die von der Lehre des Johannes ergriffen waren und sie bejahten – in einer feierlichen Handlung in den strömenden Fluss geführt und dann dort untergetaucht wurden. Und sie wurden so lange unter Wasser gehalten, bis sie beinahe ertranken. Kurz vorher erst richtete man sie wieder auf. Das könnte man heute nicht mehr machen. Damals aber waren die Menschen anders, und sie hatten bei dieser Handlung ganz besondere Erlebnisse, die eben damit zusammenhingen, dass sie wie an die Grenze der Welt geführt worden waren. Sie erfuhren dabei auch selbst etwas von dem, was die Erfahrungen des Johannes gewesen waren. Und es war ihnen, als sei ihr ganzes bisheriges Leben abgetan und ein neues begonnen.

Dorthin nun, an den Jordan, kam auch Jesus von Nazareth. Ich sagte vorhin schon: er war damals noch ein ganz Unbekannter, der noch gar nicht mit Taten oder Worten hervorgetreten war. Er trug aber etwas in seinem Wesen, etwas so unendlich Reines und etwas wie eine unendliche Verheißung, dass trotzdem manche Menschen ihn tief verehrten. Er war so wie eine Knospe, die sich noch nicht geöffnet hat, die aber eine ganz besonders wunderbare Blume verspricht. Eine ganz besondere Anmut lag über seinem Wesen. Eine tiefe Güte war in ihm. Und was er sprach, war von einer ungewöhnlichen Weisheit durchdrungen, auch wenn es ganz schlicht war.

Was in ihm lebte, als er dort zum Jordan kam, davon berichten die vier Evangelisten nichts. Wir wissen aber aus anderen Quellen, dass grade damals ein unendliches brennendes Mitleid seine Seele ganz erfüllte, ein unendliches Mitleid mit den Menschen, die der göttlichen Welt so furchtbar fern waren. Und zugleich mit diesem Mitleid war die Sehnsucht in ihm, den Menschen helfen zu können – und wenn er sein Leben dafür hingeben müsste.

Was sich dann dort abspielte, in ganz wenigen Minuten, das war ein Vorgang, von dem äußerlich fast gar nichts Besonderes sichtbar wurde, der aber über das Schicksal der Welt entschied.

Jesus kommt zu Johannes und verlangt, von ihm getauft zu werden. Johannes, der große Johannes in einer tiefen Erschütterung und Demut bricht in die Worte aus: »Ich hätte es wohl nötig, von Dir getauft zu werden; und Du kommst zu mir?« Darauf Jesus: »Lass nur; denn es ziemt uns, das zu tun, was recht ist.« Da tauft ihn Johannes. Beide sind in einer tiefen Erschütterung ihres ganzen Wesens. Und wie diese Handlung an ihm vollzogen wird, wie er dies Erlebnis hat, das etwas wie ein Todeserlebnis ist, da geschieht es, dass das hohe Gotteswesen, der Christus, in ihn eintritt, und ein anderer steigt aus dem Fluss als in ihn hineingeschritten war. Ein Mensch war in den Fluss gestiegen. Der heraussteigt, ist ein Gott. Ein Gott im Menschen.

Es war der Augenblick, möchte man sagen, wo die reinste und reifste Menschenknospe, die die Erde hervorgebracht hatte, sich öffnete und wie ein Kelch dem Himmel entgegenhielt in Mitleid und Helferwillen und Hingabe – und wo in diesen Kelch sich herniedersenkte das Wesen, das seit langem zu den Menschen unterwegs war aus der Sonne her; das das Licht und die Wärme und das Leben herniedertrug; das Wesen, dessen Schritt Johannes vernommen hatte. So wie seit Jahrtausenden auf Eden sich vorbereitete das kostbare Gefäß dieses Leibes – davon haben wir ja in der vorigen Stunde gesprochen – so war seit Jahrtausenden dies höchste Gotteswesen unterwegs zu den Menschen, unterwegs zur Erde, die sich immer mehr verdunkelte, immer kälter wurde, immer mehr in Lieblosigkeit und Unfruchtbarkeit erstarrte.

Was da geschah, hat so, wie es schöner nicht gesagt werden kann, Christian Morgenstern gesagt:

28

*Licht ist Liebe*

Licht ist Liebe ... Sonnen-Weben
Liebes-Strahlung einer Welt
schöpferischer Wesenheiten –

die durch unerhörte Zeiten
uns an ihrem Herzen hält,
und die uns zuletzt gegeben

ihren höchsten Geist in eines
Menschen Hülle während dreier
Jahre: da Er kam in Seines

Vaters Erbteil – nun der Erde
innerlichstes Himmelsfeuer:
dass auch sie einst Sonne werde.

Was jetzt als Nächstes nach der Jordan-Taufe erzählt
wird, das einzusehen, ist nicht schwierig: er ging in die
Einsamkeit. Darüber braucht man gar nichts zu sagen.
Und wenn dann gesagt wird, dass er fastete, braucht
man das gar nicht als eine asketische Übung aufzufassen.
Vielleicht mochte er oder konnte er einfach nach diesem
Ereignis nichts essen. Wenn aber gesagt wird: 40 Tage
lang – immerhin, man muss sich's einmal vorstellen:
vierzig Tage! viermal 10 Tage! – dann müssen wir wissen, dass 40 Tage einer dieser geheimnisvollen Rhyth-
men im Menschenwesen ist, von denen man früher mit
Selbstverständlichkeit gesprochen hat, deren Bedeutung
aber heute verloren gegangen ist.

Man sagt aber: vierzig Tage sei die Zeit, die ein
Mensch grade ohne Nahrung auskommen könne, und

auch, dass ein neugeborenes Kind nach 40 Tagen zum ersten Mal lächle – so kann man doch ahnen, dass da etwas ist.

Was nun danach geschildert wird als das Ereignis, das nach dieser Zeit eintrat, das müssen wir ein wenig betrachten. Es ist die Versuchungsgeschichte.

Wenn man sich's recht überlegt, ist es ja nur folgerichtig – und doch erschütternd: die erste Begegnung, die das Christuswesen auf der Erde hat, ist die Begegnung – mit dem Teufel. Ihn trifft der Christus als ersten auf der Erde noch vor allen Menschen. Denn er war überall, und es war längst keiner mehr da, der ihm die Erde als sein Reich hätte streitig machen können. Es war keiner, der seiner versuchenden Macht nicht irgendwann erlegen wäre. So geschieht es, dass die erste Erfahrung, die erste Erden-Erfahrung, die der Christus macht, die ist, dass er versucht wird.

Drei Versuchungen treten an ihn heran. Du kennst sie ja: Steine in Brot zu verwandeln – sich von der Tempelzinne herabzulassen – durch die Anerkennung des Bösen Herr über alle Erdenreiche zu werden. Alles drei, nicht wahr, Dinge, die im Bereich seiner Möglichkeiten gelegen waren.

Und das können wir gleich aus dieser Geschichte lernen: Erstens, dass man sich dessen, eine Versuchung zu erfahren, nicht zu schämen braucht, da das ja sogar dem Christus-Jesus widerfuhr. Dadurch dass wir Erdenmenschen sind, sind wir in einem Bereich, in dem das Böse Macht hat. Es kommt nur darauf an, ob wir der Versuchung erliegen oder nicht.

Zweitens, dass jede Fähigkeit, die ein Mensch hat, auch ihre eigene Versuchung in sich trägt. Je größere

Fähigkeiten ein Mensch hat, desto größer sind auch die Versuchungen, denen er ausgesetzt ist.

Was waren das nun für Versuchungen, die da an den Christus-Jesus herantraten?

Brot zu schaffen, das war die erste. Man darf das nun nicht so klein und eng nehmen, als hätte es sich nur darum gehandelt, das dort für den Augenblick zu tun, weil ihn grade hungerte. Aus den beiden anderen sehen wir ja, dass es gar nicht um die augenblickliche Situation nur ging, Brot zu schaffen – nicht nur für sich, sondern überhaupt. Wenn man es modern ausdrücken wollte, könnte man sagen: der große soziale Reformator zu werden.

Zu machen, dass es keinen Hunger mehr auf der Erde gibt. – Das war eigentlich die erste Versuchung. Und wenn man weiß, wie schrecklich Hunger ist, ja dass Menschen verhungern – dann merkt man plötzlich, dass es gar nicht einmal so einfach war, auf diese Frage zu antworten. Hätte er nicht doch das machen sollen? Aus Erbarmen mit den Menschen? Hätte er nicht damit die Menschen glücklicher gemacht?

Und wir lernen hier gleich ein Drittes: dass es oft gar nicht leicht ist, Versuchungen zu erkennen, zu durchschauen, dass es Versuchung ist.

Aus der Antwort, die er gibt, sehen wir aber gleich aufleuchten die reine Größe dessen, der da dem Versucher gegenübersteht – und das Erstrahlen seines Willens. Denn er kam nicht, um den Menschen eine kleine Zufriedenheit, irgend ein kleines behagliches Glück zu bringen – er kam um den *Menschen* als das Ebenbild Gottes zu retten. Und der braucht andere Nahrung. Er sagt nicht, dass der Mensch das Brot nicht brauche, oder dass das nicht wichtig sei. Er sagt: das *Brot* allein tut es nicht. Davon »lebt« der Mensch noch nicht. Man müsste so die soziale Ordnung umschaffen, dass sie auf den Menschen als das Ebenbild Gottes gestellt ist, auf den Menschen, dessen eigentliches Wesen ein Geistwesen aus göttlichen Welten ist. Sonst könnte es sein, dass die Menschen wohl alle satt wären – aber in ihrem eigentlichen Menschentum wären sie längst Hungers gestorben. Sie wären wohl satt – aber sie wären gar keine Menschen mehr.

Verstehst Du das, mein Schnupper? Verstehst Du auch, wie klein und dumm der Versucher plötzlich vor der reinen strahlenden Weisheit des Christus-Wesens wird?

Die zweite Versuchung ist – um es gleich in unsere Sprache zu übertragen – die: ein großer Magier, ein großer Wundertäter zu werden. Seine übermenschlichen Fähigkeiten auszunützen, um nun unmittelbar, überwältigend, auf Menschenseelen zu wirken. Es gab zu jener Zeit Menschen, die machten solche Dinge, wie der Versucher sie da vorschlug, und hatten natürlich einen ungeheuren Zustrom. Das hätte geheißen: ein Reich errichten, in dem die Erdengesetze – wie das Gesetz der Schwerkraft – nicht mehr gelten, ein Reich zauberhafter Willkür. Aber Willkür ist nicht Freiheit. Wohl kam Christus, den Menschen die Freiheit zu bringen. Wohl kam er, »die Erde wieder leicht zu machen«. Aber er hat das Gesetz überwunden, indem er es erfüllte. Er hat auch nie – das musst Du Dir merken – nie »Wunder« in dem groben äußeren Sinne getan, wie man dies Wort zunächst versteht. Denn er wusste ja – wie hätte grade Er das nicht wissen sollen – dass alle sogenannten

Naturgesetze, wenn man sie nur tief genug versteht, göttliche Gesetze sind. Davon merkst Du ja gewiss etwas, wenn Ihr Chemie habt. Wunderbar ist das alles! Und das liegt ja auch in der Antwort, die er dem Versucher gibt: diese Gesetze missachten heißt Gott missachten.

Und die dritte Versuchung, die war: ein gewaltiger Herrscher zu werden. Ein Reich zu gewinnen, das alle Länder der Erde umfasste. Ein König zu werden wie es noch keinen gegeben hatte. Eine Macht zu genießen und auszuüben, wie sie noch keinem vergönnt war. Und auch da muss man sagen: hätte er sie nicht zum Guten anwenden können? Vielleicht hätte es dann – seit 2000 Jahren schon – keine Kriege mehr gegeben mit all ihrem Elend. Ein einziges großes Friedensreich über die ganze Erde hin. Welch eine große wahrhaft bestechende Aufgabe! Und, nicht war, in seinen Möglichkeiten hätte auch das gelegen. Ja, es war ja beinahe – wie bei den beiden andern Versuchungen auch – beinahe das, wozu er herniedergestiegen war. Beinahe! – In Wirklichkeit war es doch ein Trug und hätte grade das Gegenteil bewirkt. »Gott allein dienen« ... Die Erde wieder in die göttlichen Welten einzufügen als ein Glied in dem gewaltigen Chor der Gestirne – dazu war er gekommen. Und wäre er dem Versucher gefolgt, wäre das grade endgültig unmöglich geworden. Es hätte wohl recht schön ausgesehen – aber die Erde wäre doch – trotz allem – ein dunkler Stern geblieben. Denn nur von innen, nicht von außen konnte sie erhellt und durchglüht und lebendig gemacht werden. Durch Dienen, nicht durch Herrschen.

Später einmal, mein Schnupper, wirst Du einsehen, dass in dieser Versuchungsgeschichte eigentlich schon alle großen Probleme der Menschenführung gestellt und gelöst sind. Aber Du bist jetzt immerhin groß genug, davon ein klein wenig zu ahnen. Und wenn Du dies jetzt recht aufnimmst, wirst Du Dich später daran erinnern.

So überwindet der Christus den Versucher. Er hat keine Gewalt über ihn erlangt. Da war einer, der war stärker und größer als er. Durch Weisheit wurde er überwunden, durch Weisheit, die durchtränkt war von dem tiefen reinen Willen: nur zu dienen, dass die Erde und der Mensch wieder ins Licht und ins Leben der Gotteswelt gehoben würde.

Und als er die letzte Antwort gegeben, die dritte Versuchung bestanden hat, da ist der Versucher verschwunden, und an seiner Stelle stehen die Engel »und dienten ihm«. – eine Versuchung überwinden bedeutet Kräfte gewinnen. Das ist eine Erfahrung, die jeder Mensch machen kann. Auch der Christus gewinnt »Kräfte«, himmlische Kräfte. Nun ist er auf der Erde, ganz auf der Erde – und die Kräfte der Himmel dienen ihm.

Was geschieht nun? – Der Begegnung mit dem Geist des Bösen folgt die Begegnung mit den Menschen. Und die Begegnung mit den Menschen wird die Berufung der ersten Jünger. Auch das wird so erzählt, als ob es ganz selbstverständlich wäre – und ist doch wieder eine Geschichte voller Geheimnisse, ob man sie nun von den Jüngern aus oder von dem Christus Jesus aus betrachtet.

Warum ist das Allererste, was er tut, dies, dass er die Jünger beruft? Vor allem andern, vor der Verkündigung, vor den Heilungen, vor den Heilszeichen – vor allem andern wählt und beruft er seine Jünger, die ihn nun begleiten werden, solange er über die Erde geht.

Warum? Wenn sonst Menschen Jünger gewinnen, dann ist das ja auf Grund ihres Werkes. Weil sie etwas getan oder geschaffen haben, was Menschen begeistert. Hier aber sind erst die Jünger da, und dann erst beginnt das Wirken.

Um das besser zu verstehen, wollen wir zunächst einmal auf etwas ganz anderes hinblicken. Wenn man an einen König denkt, einen richtigen König sich vorstellt, dann kann man ihn eigentlich nie allein denken. Ein König hat seinen Hofstaat. Der gehört zu ihm wie sein Mantel und seine Krone. Und das muss so sein. Denn ein König ist ja nicht für sich allein da, sondern für ein ganzes Volk. Er trägt gleichsam das Geschick und das Wesen dieses Volkes. Ja, er ist eigentlich der Ort, wo der hohe Engelgeist dieses Volkes die Erde betritt. Und das kann ein Mensch allein nicht tragen. Es muss etwas wie ein größeres Gefäß geschaffen werden für den größeren Geist. Es müssen Helfer da sein, die etwas wie einen zweiten größeren Leib bilden im Umkreis des Königs: schützend und helfend und selber ganz in dies Schicksal mit einbezogen.

Siehst Du, das Gleiche ist eigentlich der Jüngerkreis für den Christus Jesus. Er konnte das allein nicht tragen. Das ist keine Verkleinerung. Auch ein König wird ja dadurch nicht kleiner, dass er einen Hofstaat hat. Im Gegenteil. Und so muss zu allererst wenigstens der Grundstein gelegt werden zu dem Jüngerkreis. Vier sind es zunächst, bald werden es zwölf. Und dann bildet sich um diesen Kreis noch einmal ein größerer von siebzig. Die vier aber bleiben die Hauptjünger, die immer wieder bei ganz besonders intimen Dingen aus den zwölfen herausgesondert werden. Petrus, Johannes, Jakobus, Andreas.

Schauen wir jetzt aber auf die Jünger. Auch da gibt es des Rätselhaften genug. Ist es nicht seltsam, dass sie auf das einfache »komm!« eines eigentlich doch Unbekannten Vater und Mutter und ihr Heim und alles, was ihnen zu eigen war, verlassen? Ohne sich umzusehen! Ohne Zaudern! – Will man sich dahinein finden, kann man doch nur denken: diese Begegnung mit dem Vorübergehenden muss einen rätselhaften tiefen Klang in ihrem Inneren geweckt haben. So, als kennten sie ihn eigentlich seit undenklichen Zeiten und hätten nur vergessen, könnten sich nicht erinnern: wer ist das doch? Als hätten sie, ohne es zu wissen, eigentlich all die Jahre auf ihn gewartet. Als erwachte in den tiefsten Brunnenschächten ihrer Seele ihre tiefste Erinnerung, ihr Schicksal. Und sie konnten gar nicht anders, als ihm folgen. So bildet sich gleich hier wieder eines der tiefsten Lebensgesetze ab: denn Christus begegnen ist Schicksal.

Und wenn Du an das schöne Märchen von den zwölf Brüdern denkst, dann hast Du da in einem wunderschönen geheimnisvollen Bilde das Gleiche vor Dir.

Und nun, siehst Du, nun beginnt der Christus unter den Menschen zu lehren und zu heilen. Nun kann seine Weisheit, seine Liebe und der wunderbare überirdische Einklang seines Wesens beginnen zu wirken und sich auszuströmen.

Davon wollen wir dann das nächste Mal sprechen.

# Vierter Brief

Heute, mein liebes großes Mädchen, kommen wir an einen Abschnitt, der gleich drei große Kapitel umfasst, und der so unendlich viel enthält, dass man allein darüber viele dicke Bücher schreiben könnte. So ist es im Grunde ja mit all den Dingen, die das Evangelium schildert. Und je länger man sich damit beschäftig, desto besser versteht man, was als letzter Satz im vierten, dem Johannes-Evangelium, als letzter Satz also des Evangeliums überhaupt geschrieben steht: dass die ganze Welt nicht Raum genug hätte, die Bücher aufzunehmen, die geschrieben werden müssten, wenn man alles aufschreiben wollte. Ein so unerschöpflicher Reichtum ist das, dass es eher möglich wäre, das Meer auszuschöpfen, als diese Bücher und die Worte und Bilder und Taten, die darin aufgeschrieben sind. Es gibt nichts in der Welt, was der unendlichen Größe dieses Schatzes gleichkäme.

Was in diesen drei Kapiteln geschildert wird, ist das erste große öffentliche Ereignis des Christus-Lebens. Denn alles, was vorher erzählt ist, spielte sich ja in der Einsamkeit mit ein oder zwei anderen Menschen ab: Taufe, Versuchung, Jünger-Berufung – alles Ereignisse, die wohl von der allergrößten Bedeutung für die Erde und die Menschen waren, von denen aber niemand weiter viel wahrnehmen konnte. Nun aber geschieht etwas – das erste Mal – woran viele teilnehmen, eine große

große Volksmenge. Und etwas, was diese Menschen tief erschüttert. Es ist die sogenannte »Bergpredigt«.

Viele Menschen haben sich unter dem Eindruck der ersten Taten des Christus, von denen im Übrigen nur ganz allgemein gesprochen wird, gesammelt und folgen ihm und seinen Jüngern. Und da führt er sie auf einen Berg, führt sie hinauf, und droben setzt er sich nieder. Seine Jünger treten zu ihm; ein wenig weiter weg müssen wir uns das viele Volk denken, die große Volksmenge, die sich nun auch niederlässt; das ist die Szene, auf der sich das Folgende abspielt. Seine Augen schweifen über die vielen Menschen, die voller Erwartung seinen Schritten gefolgt sind und nun da lagern; er blickt auf den Kreis der Jünger, die er berufen hat – und da beginnt er zu sprechen.

Aber hier müssen wir schon gleich einen Augenblick innehalten. Denn nichts, kein Wort, kein Bild, nicht die geringste Kleinigkeit ist in den Evangelien unwichtig oder ohne Bedeutung: es ist ja doch immer eine Sache, die gar nicht gleichgültig ist, in welcher Umgebung, in welcher »Landschaft« man sich befindet. Man fühlt sich anders im Wald, anders am Wasser, anders auf der Höhe eines Berges, anders im Haus. Jedes stimmt die Seele in einer anderen Tonart, macht sie für anderes empfänglich, schenkt ihr anderes. Und nun musst Du Dir vorstellen, wie man einen Berg emporsteigt, wie all diese Menschen da den Berg emporgestiegen sind: erst drunten noch die anderen Menschen in ihrer Alltagsgeschäftigkeit in Dörfern und Gehöften und auf den Feldern. Dann bleiben die langsam zurück. Immer seltener trifft man noch jemanden. Und höher steigen sie. Immer stiller wird es. Ein Bach kommt ihnen entgegengesprungen und eilt an ihnen vorbei zu Tal. Sie aber steigen weiter, dorthin, wo das Wasser herkommt, wo es rein und klar aus der Quelle hervorsprudelt. Ein Stein löst sich irgendwo und rollt und poltert zu Tal. Sie aber steigen weiter empor. Bald hört man auch keine Tiere mehr. Ganz still wird es und immer reiner und frischer wird die Luft. Schaun sie sich aber um, dann sehn sie das Land unter sich immer mehr versinken. So klein wird alles, was ihnen bisher noch so groß erschienen war. Und weit wird der Blick, immer weiter. Erst überschauten sie nur das ganze Gebiet, das sie durchwandert hatten, sahen plötzlich klarer und deutlicher, wie alles zueinander lag – dann aber schauen sie noch weiter, über alle bekannten Gebiete hinweg in ganz neue Länder. Und dann sind sie oben. So weit und frei hebt sich da die Brust. Auch der Weg, den sie gegangen sind, mühsam oft, liegt nun unter ihnen. Die ganze Erde liegt unter ihnen. Nur den Himmel haben sie über sich. Da fühlt sich der Mensch wahrhaft ganz als das, wozu er bestimmt ist: das Wesen zwischen Himmel und Erde. Da fühlt die Seele etwas von der Größe, der Erhabenheit ihrer Bestimmung: beide Welten in sich zu tragen.

So, siehst Du, musst Du Dir die Menschen dort droben denken: dumpfer dies Gefühl, unbewusster in den Seelen der vielen Menschen; heller schon in den Seelen der Jünger; ganz klar und leuchtend bewusst aber in der Seele des Christus Jesus. Dort oben nun beginnt er zu sprechen.

Und hat man das begriffen, dann sieht man plötzlich: ach, es konnte ja gar nicht anders sein. Kommt das Christuswesen denn nicht von oben, aus den himmlischen Höher hernieder in die Erdentiefen? Muss dann also nicht das Wort, dass er zu offenbaren kam, zuerst da droben erklingen? Droben in den Höhen, in seiner ganzen Reinheit und erhabenen Größe. Langsam wird es dann sich hinunterleben.

Was er spricht, ist gewaltig. Und so empfanden es die Menschen, tief erschüttert in ihrem ganzen Wesen. Es kann ja auch gar nicht anders sein. Sie hören ja das Herz der Welt da droben. Und dabei – das müssen wir auch beachten – spricht er eigentlich gar nicht zu ihnen. Er spricht zu den Jüngern. Aber auf dies Geheimnis kommen wir noch zu sprechen. Er spricht zu denen, die berufen sind. Berufen, einmal Führer der anderen Menschen zu werden; die – das sahen wir ja – geheimnisvoll seit langem schon ihm entgegenwarteten, für ihn bereit waren. Und so heißt es nun – ganz feierlich –: »Und er tat seinen Mund auf.« (Ja, er hatte ja in all den Jahrtausenden der Weltgeschichte noch nicht Sein Wort gesprochen. Er war ja der schweigende Gott gewesen, der wohl da war, aber noch schwieg. Die Germanen wussten von ihm ebenso wie andere Völker über die ganze Erde hin. Nun beginnt er zu sprechen.) »Und er tat seinen Mund auf ...«

Was spricht er nun? Was sind seine ersten Worte? Wird er ein hartes Gericht über die Menschen ergehen lassen? Verdient hätten sie's wohl! Oder wird er sie beklagen: ach, wie schade ists um die Menschen!?

Nichts von all dem! Das Erste ist: er preist die Menschen selig! Neunmal ruft ers aus: »Selig sind ...« Das ist kein Gericht und keine Klage – das ist ein Hymnus auf den Menschen. Er spricht nicht davon, wie die Menschen sein sollten und nicht sind. Er spricht aber von den unbegreiflich hohen Möglichkeiten, die im Menschen schlummern: »... ihrer ist das Reich der Himmel!« – »... das Erdenreich wird ihnen als ihr Erbe zufallen!« – »... sie werden Gott schauen!« – »... sie werden Gottessöhne heißen!« – und noch einmal: »... ihrer ist das Reich der Himmel!«

Wenn man heute diese Wort liest oder hört, dann muss man sich ja eines sagen: das ist mehr, als dass nur erzählt wird, was da einmal einer gesprochen hat. Er hat selbst einmal gesagt: »Der Himmel und die Erde werden vergehen. Aber meine Worte vergehen nicht.« Und das heißt nicht, dass sie immer wieder von Menschen gelesen, gehört, gesprochen werden – das heißt mehr, nämlich: sie klingen weiter, wie ein Ton, der einmal angeschlagen ist und immer weiter weiter fortklingt und anschwillt, so klingen sie weiter in der Welt. Den äußeren Ohren sind sie freilich nicht mehr hörbar. Aber sie sind da und vergehen nicht. Und jeder, der in seiner Seele dem Christus begegnet, dem klingen sie entgegen. Auch heute noch; und heute erst recht. Auch uns gilt die Verheißung, die in diesen Worten lebt.

Groß wird die Welt wieder und herrlich das Leben, das einen unendlichen Reichtum wieder in sich birgt. Das ist eigentlich der Glockenklang dieser ersten Sätze. Verwandelt ist die Welt dadurch, dass der Christus die Erde betreten hat. Denn was jeweils im ersten Teil dieser Sätze steht, das bezeichnet eigentlich die Kräfte, die Eigenschaften, die in der Menschenseele erwachen und langsam wachsen und reifen, wenn sie die Christus-Sonne in sich aufgehen fühlt, wenn sie sich ihren Strahlen auftut.

»Bettler um Geist« – das ist das Erste. Das heißt: der Mensch, der in innerer Wahrhaftigkeit und ohne eitle

Selbstüberschätzung in der Welt steht, der fühlt, dass er der Geisteswelt, die durch den Christus wieder nahe gekommen ist, bettelarm gegenübersteht. Dass er – und wäre er mit den strahlendsten Fähigkeiten ausgestattet – ihr gegenüber ein Bettler in Lumpen ist, nicht anders als der, der vielleicht nur bescheidene Fähigkeiten hat. Und er weiß, dass alles, was ihm aus dieser Welt in seine Seele kommt, ein unverdientes, gnadenvolles Geschenk ist, für das er gar nichts dagegen bieten kann. So haben auch alle wahrhaft großen Künstler gefühlt. Und von mehr als einem wissen wir, dass, während er schrieb oder malte, was ihm »aufgegangen« war, helle Tränen der Ergriffenheit über sein Gesicht liefen, Tränen des Glücks über den unendlichen Reichtum, der ihm geschenkt wurde. Aber seine Armut, die muss der Mensch freilich erst gefühlt haben und bescheiden in seiner Seele geworden sein. Sonst geht's ihm nicht wie der Goldmarie sondern wie der Pechmarie, die sich auch so großmächtig erhaben vorkam.

Noch etwas anderes erfährt der aber, der mit der Christuswelt in Berührung kommt. Größer wird die Seele und weiter – für Freud – und für Leid. Ja, auch Leid empfindet sie mehr und stärker. Aber auch sie preist der Christus selig »... denn sie werden getröstet werden«. Wir wollen darüber wie über manches andere später mehr sprechen. Nur daran magst du jetzt denken, damit Du doch schon etwas ahnst von dem, was da gesagt wird: denk mal, wie Du noch kleiner warst, wenn Du da irgend einen Kummer hattest, so einen, über den Du jetzt vielleicht lachst als über einen kleinen Kinderkummer, und dann kamst Du zur Mutter und die Mutter hat Dich getröstet – ist das nicht eigentlich etwas wunderbar Schönes gewesen? Etwas, was so schön war, dass man zum Schluss gar den Schmerz noch hätte preisen mögen, weil er einem das eingebracht hat? Ist man danach nicht irgendwie reicher und ein Stück reifer und größer gewesen? – So war es mit den Kinderschmerzen, die die Mutter tröstete. Und daran magst Du bei diesem Satz denken. Denn es ist ähnlich mit diesem größeren Leid – nur größer noch.

Was in dem folgenden Satz ausgesprochen wird, bezieht sich schon auf ein tieferes Eindringen und Wirksamwerden des Christus. Das Ideal, auf das darin hingewiesen wird, ist freilich eines, das Deinem jungen Mädchen-Herzen noch ein wenig fern und fremd ist. Aber eine Ahnung kannst Du doch auch davon schon gewinnen. Zum Menschen-Schicksal gehört es ja, dass der Mensch – bald mehr, bald weniger – von allen möglichen Gefühlen ergriffen und hin und her gerissen wird: Freude, Jubel, Trauer, Angst, Verzweiflung, Sorge, Kummer – all das kann in der Menschenseele wohnen. Und es soll ja auch da wohnen. Was aber nicht sein sollte, das ist, dass diese Gefühle den Menschen beherrschen, dass sie ihn willenlos hin und her schleudern. Wohl können sie der Seele einen gewissen Reichtum geben, aber sie ziehen den Menschen gleichzeitig von der Welt weg, schließen ihn in sich ab. Da geht einer, in seinen Kummer versunken, vielleicht durch die herrlichste Landschaft – aber er sieht sie gar nicht. Ein anderer hat irgend eine große Freude und er gibt sich der so hin, dass er gar nicht merkt, wie neben ihm sein liebster Mensch vielleicht gleichzeitig irgend ein Leid verschweigt. Ein Dritter wird vor lauter Angst, dass er ihn verlieren könnte, unfähig, einen vielleicht reichen Besitz zu genießen. Und so fort und fort. Was soll man da tun?

Soll man etwa nicht mehr sich freuen? nicht mehr traurig sein? – Ach, das wäre schrecklich! Nichts ist trostloser als ein kalter oder stumpfer, gefühlloser Mensch. Nein, wir wollen unser warmes empfindendes Menschenherz bewahren. Aber etwas anderes ist möglich.

Der Mensch, der mehr und mehr den Christus in sich wirken lässt, der wird allmählich merken, wie seine Gefühle sich verwandeln. Nicht dass sie geringer oder schwächer würden. Ganz im Gegenteil. Aber es erwacht gleichsam mit dem Gefühl zusammen gleich eine Gegenkraft: der Angst und Sorge gegenüber etwa das tiefe Vertrauen zu dem Engel, der unser Schicksal lenkt. Dem tiefen Schmerz gegenüber das Gefühl, dass schließlich alles sich zum Guten lösen muss. Dem Jubel gegenüber die Empfindung für all das namenlose Leid in der Welt. Es wird so, wie wenn sich eine Waage bildete; und wenn ein Gefühl in die eine Waagschale fällt, dann füllt sich die andere Schale mit den Gegengefühl, und die Waage ist im Gleichgewicht. Das ist es, was der Christus preist: das Gleichgewicht, den Gleichmut der Seele. Wer das erringt, der wird damit fähig, auch für anderes zu sorgen, für andere zu sorgen. Und bald erlebt er, wie ihm mehr und mehr anvertraut wird in der Welt. Die Welt vertraut sich ihm an. »Selig sind, die das Seelen-Gleichgewicht erworben haben; ihnen wird die Erdenwelt sich anvertrauen.«

So, siehst Du mein Schnupper, beginnt diese große »Bergpredigt«. Und ich denke, Du fühlst etwas davon, wie groß und herrlich das ist. Du siehst auch, wie schwer vom Gold unendlicher Weisheit jeder einzelne Satz ist, und dass, wollten wir nur ganz allein darüber sprechen, aber über jeden Satz – dass dann all die Briefe, die ich Dir schreiben möchte, nicht einmal ausreichen würden. Aber ich hab Dir ja gleich zu Anfang gesagt, dass wir nun fürs Erste nur einmal so hineinschauen wollen, was überhaupt in diesem Buch alles steht. Dann wollen wir hier einhalten und nur noch einen Blick darauf werfen, was diese drei Kapitel weiter enthalten. Darüber unterrichten uns am besten die Sätze, die auf die Seligpreisungen folgen.

Sie sind an die Jünger gerichtet, das sieht man nun ganz deutlich. Und aus ihnen schaut uns nun das Antlitz des Christus mit einem großen, heiligen Ernst an. Aber auch um diesen Ernst ist es etwas Herrliches. Es geht ja um die großen Ziele, die er eben in den Seligpreisungen gezeigt, um die großen Möglichkeiten des Menschen, die er darin offenbart hat. Und nun spricht er zu den Menschen, denen diese Herrlichkeit, denen die Zukunft des Menschen anvertraut ist. Die ganze Größe der Verantwortung, die ihnen damit auferlegt wird, kommt in diesem Ernst zum Ausdruck. Aber zugleich ja auch – denn das ist ja immer der Hintergrund jeder großen Aufgabe, die einem gestellt wird – dass ihnen da vertraut, etwas anvertraut, dass ihnen das zugetraut wird. Und man kann sich wohl denken, dass Menschen, zu denen solche Worte gesprochen werden, durchschauert werden von der Größe, in die ihr Leben mit einem Mal gestellt ist.

Das ist der Sinn und die Bedeutung dieser Sätze vom Salz und vom Licht. Und was diese beiden Bilder sagen wollen, wird Dir ja leicht einleuchten. Du hast ja grade in der Chemie zugeschaut, wie Kristalle werden, wie aus der gestaltlosen undurchsichtigen Masse sich etwas bildet, worin man das Vorige kaum wiedererkennt; diese klaren Formen, dies Durchsichtige, Lichtverwandte. Dass sie diese Kristall-Kraft tragen, mit ihr die Erde durchdringen sollen, das wird den Jüngern gesagt. Dass die Welt sich ganz neu aus dem Licht formen und bilden kann und soll, aus dem Licht, das der Christus in ihren Seelen entzündet hat, das er selber in ihnen ist – eine neue Weltschöpfung, die Verwandlung der Erde ganz von innen her – das sprechen diese Bilder aus.

Und die ganzen folgenden Kapitel sind nun etwas wie eine Anweisung für diese ihre Aufgabe, ihre priesterliche Aufgabe an der Erde. Auch ihre Sätze sind, so einfach sie zuweilen klingen, alle schwer, schwer von Gold. Und nur das wollen wir für dies Mal uns noch zum Bewusstsein bringen, dass sie – in vielfältiger Weise – von der Verinnerlichung, von der inneren Seelenkraft des Menschen sprechen. Eben von dem Lichtwerden von innen her.

Auf eines aber wollen wir noch hinschauen für einen Augenblick, auf das, was in der Mitte, wie im innersten Herzen der Bergpredigt steht, im innersten Herzen der ganzen großen Unterweisung. Es steht da als das gleichsam, was ihnen die Kraft zu ihrer Wirksamkeit geben wird, was das innerste Herz ihres Wirkens sein wird. Und das ist – das Gebet. Er gibt den Jüngern das Vaterunser.

Er sagt nicht viel dazu. Gebete sind ja dazu da, dass sie gebetet werden. Er sagt nur ein paar Worte darüber, wie der Mensch beten soll. Er sagt, in die innerste Kammer solle er dazu gehen und die Tür hinter sich zuschließen. In die innerste Herzenskammer soll er dazu eintreten und alles andere ausschließen, dass nichts, gar nichts weiter da ist als der Mensch und sein Gebet. Das heißt nicht, dass einer dann auch äußerlich ganz allein sein muss. Dann gäbe es ja keine Sonntagsfeier und keine Menschenweihehandlung und all das andere. Es kann der Mensch auch gemeinsam mit anderen in sein innerstes Herz eintreten, jeder in das seine, und die Tür zu allen anderen abschließen. Wenn Menschen so gemeinsam beten – auch das Morgen- oder Abend- oder Tischgebet – dann geschieht etwas sehr Wunderbares. Es ist, als ob da eine andere, eine größere Herzenskammer wäre, in der die der einzelnen Menschen allesamt drinnen sind. Und grade je tiefer und ausschließlicher der einzelne Mensch in sein innerstes Wesen eintritt, desto inniger lebt er in diesem Gemeinsamen. Das aber, was sich da so, alle Menschen-Iche umfassend, wunderbar auftut, das ist – das Herz des Christus selbst. Und er hat gesagt: »Wo zwei oder drei in meinem Namen versammelt sind – da bin ich mitten unter ihnen.«

Damit wollen wir nun für heute abschließen, so unendlich viel sich auch grade über das Gebet noch sagen ließe. Aber Du verstehst ja nun gewiss ganz deutlich wenigstens dies, weshalb das so im innersten Mittelpunkt der ganzen Unterweisung steht, weshalb es den Jüngern so ins innerste Herz gelegt wird, und dass das allein die Quelle ist, aus der sie die Kraft für ihr Wirken in der rechten Weise werden schöpfen können. Die Kraft für ihre große Mission, die Seelen der Menschen, die Seele der ganzen Erde zu durchdringen mit der Kristallkraft, mit der Lichteskraft.

Das ist die Bergpredigt. Sie offenbart, was zu tun der Christus gekommen ist: die innerste Menschenkraft, die

innerste Erdenkraft zu wecken und zu entzünden –
»dass auch sie einst Sonne werde«, strahlend und sich
verschwendend in einer unendlichen unerschöpflich aus
dem Innersten dringenden Liebesfülle. »Selig sind ...«
Sie zu wecken und zu entzünden durch sein Sonnen-
Wesen.

Und das war es, was die Menschen so empfanden,
dass gesagt wird: »... denn er sprach mit Exusia, mit
Vollmacht«. Mit seinem Sprechen beginnt er's schon zu
tun.

# Fünfter Brief

Was wir das vorige Mal miteinander betrachtet haben, mein Schnupper, war das erste große Geschehniss, die erste große Tat des Christus im Hinblick auf die Menschheit. Es war eine Tat, obwohl er ja »nur« gesprochen hat. Aber auch Worte können Taten sein, durch die etwas bewirkt wird, durch die – unmittelbar sogar, nicht nur als Anregung von Taten – etwas in der Welt verwandelt wird. Und was da droben auf dem Berg der Unterweisung geschah, war solch eine Tat. So haben es die Menschen ja auch empfunden, die dabei waren. Aber wir sahen auch: das geschah droben in der Welt über dem Alltag der Menschen. Dort, wo die Quellen entspringen, die dann ihre belebenden Wasser hinunter entsenden, dass sie als Bäche und Flüsse und Ströme schließlich das Land durcheilen und durchwirken. Es geschah gleichsam im ersten Anblick des Menschengeschlechts.

Nun aber wird erzählt, wie der Christus hinuntersteigt vom Berg, nun beginnt eigentlich die Begegnung mit den Menschen. Und da ist es nun erschütternd zu sehen: wie er den Menschen begegnet, begegnet er – der Krankheit. Wie er die Erde betrat, begegnete er dem Bösen. Wie er den Menschen begegnet, begegnet er der Krankheit. Davon sprechen die beiden Kapitel, die wir heute betrachten wollen.

Wenn das, was ich da eben gesagt habe, heute so irgend jemand hört, dann könnte es leicht sein, ja es ist sogar sehr wahrscheinlich, dass er sagen wird: Nun, so schlimm ist's doch nicht! So krank ist die Menschheit doch nicht! – Früher freilich hätten die Menschen kaum so gesprochen, da hatte man ein deutlicheres Bewusstsein von der Größe, dem Umfang und der Macht der Krankheit. Dass man das verloren hat, hängt zum Teil damit zusammen, dass es jetzt überall Krankenhäuser, Siechenhäuser, Irrenanstalten usw. gibt, wo all die vielen vielen Kranken isoliert, aus dem übrigen Leben herausgenommen werden. Man fühlt auch diesen Menschen gegenüber gar nicht mehr so das Elend des Krankseins. Da hatte man früher, wo überall auf den Straßen und Märkten, an den Türen der Kirchen, vor den Pforten der Häuser das Elend einen anstarrte, ein viel richtigeres Bild. –

Und noch etwas muss man sich sagen. Wir haben uns so sehr daran gewöhnt, dass es Krankheit gibt, so sehr, dass wir schon ein wenig abgestumpft sind dagegen. Denken wir nun aber einmal, es käme ein Wesen aus einem Reich, in dem es Krankheit überhaupt nicht gibt, auf die Erde – das würde wahrhaftig anders empfinden. Denken wir ein Reich, in dem all das, was mit Krankheit zusammenhängt, vollkommen unbekannt ist, in dem es auch nicht das geringste Kränkeln oder Unwohlsein gäbe. Die Menschen haben in ihren Sagen ja etwas wie eine Erinnerung an dieses Reich bewahrt und der Christus kommt aus diesem Reich.

Woher stammt aber die Krankheit? – Da wollen wir zunächst einmal danach schauen: welche Wesen werden überhaupt krank? Und schauen wir uns danach um, so entdecken wir: eine große Gruppe von Erdenwesen wird nicht krank, kennt Krankheit im eigentlichen Sinne nicht! Das sind die Pflanzen. Die ganze Pflanzenwelt kennt die Krankheit nicht. Und wenn Blumen oder Bäume nicht recht gedeihen oder gar eingehen, dann liegt das immer an irgend etwas Äußerem; sei es, dass Würmer ihnen die Wurzeln abgenagt haben oder sie sonst wie beschädigt wurden; sei es, dass sie nicht die Lebensbedingungen bekamen, die sie brauchen. Aber von sich, von innen heraus werden sie nicht krank.

Bei den Tieren ist es schon etwas anders. Tiere können richtig krank werden, die Haustiere vor allem. Die anderen Tiere nicht so. Aber die Haustiere, die können krank werden. Je näher Tiere dem Menschen stehen, desto mehr haben sie die Fähigkeit, krank zu werden. Aber auch die Krankheiten der Tiere sind noch etwas ganz anderes.

Wirklich krank wird vornehmlich der Mensch. Die Tiere nehmen eine Art Mittelstellung ein. Und die ganze Pflanzenwelt ist urgesund. Das wollen wir zunächst einmal festhalten.

Wir wollen in dem Zusammenhang auch an etwas denken, was Du sicher schon weißt. Du weißt, alle lebenden Wesen atmen; auch die Pflanzen. Sie atmen ein und aus. Und da ist nun ein ungeheurer Unterschied. Die Pflanzen atmen ja Sauerstoff aus – und das ist ein belebendes Element. Der Mensch aber atmet Kohlensäure aus – und das ist ein Leben vernichtendes Element. Die Pflanze atmet Leben aus. Der Mensch atmet Tod aus. Und verwandelten die Pflanzen nicht immer wieder, was wir ausatmen, so wäre die ganze Erdenatmosphäre schon längst so vergiftet, dass überhaupt niemand mehr leben könnte.

Siehst Du, das sind alles Dinge, die uns darauf hinweisen: Tod und Krankheit gehen auf der Erde eigentlich vom Menschen aus.

Hier rühren wir an Geheimnisse, die zu den tiefsten Erden- und Menschheitsgeheimnissen gehören. Und das werden wir in diesen Briefen immer wieder tun – und haben es ja auch schon getan – einfach deshalb, weil das Christuswesen in all diese tiefsten geheimnisvollen Welt- und Menschheitstatsachen eingreift. Für den Augenblick wollen wir aber nur noch an ein Bild uns erinnern, das von diesem Geheimnis kündet; ein Bild, in dem die Griechen es ausgesprochen haben. Du kennst es ja gewiss.

Wenn die Griechen an den Ursprung der Krankheit dachten, dann trat vor ihre Seele sofort die Prometheus-Sage. Pandora brachte die Krankheiten auf die Erde. Aber dass sie kam, war nur eine Folge des Stolzes und der Empörerlust des Prometheus. Stolz und Glück erfüllte die Seelen der Griechen, wenn sie an diesen Stammvater ihres Geschlechtes dachten, der größer sein wollte als die Götter, und von dem jeder ein wenig in sich fühlte. Aber sie wussten auch: auch dass es Krankheit gibt, kommt von Prometheus her.

Dass es Krankheit gibt, hängt damit zusammen, dass der Mensch sich als ein eigenes Wesen heraussondert aus dem stummen Gehorsam, mit dem all die anderen Wesen das Gesetz befolgen: Tier und Pflanze und Stein – aber auch die Engel, Erzengel und höheren und höheren Wesen.

In der Seele des Menschen hat die Krankheit ihren Ursprung. Und der Mensch ist es, der immer wieder und wieder die Welt »kränkt«.

Und nun, auf diesem Hintergrund, vor diesen Tatsachen müssen wir das sehen: da kommt einer, der bringt nicht Krankheit – der heilt. Der »kränkt« nicht die Welt sondern macht sie gesund und heil. Das ist der Christus. *Das* ist der Christus.

Und so wird das nun geschildert, wie er herabsteigt vom Berg, und die Kranken kommen ihm entgegen; und er heilt sie.

Sieben Heilungen werden da berichtet. Als würden sieben Kerzen auf dem Altar der Erde entzündet. Drei erst, die mittlere dann durch anderes, das vorher und nachher erzählt wird, herausgehoben, und noch einmal drei.

Der Erste, der Christus entgegenkommt, ist ein Aussätziger; ein Lepra-Kranker. Du hast sicher von dieser Krankheit, die zu den schrecklichsten zählt, schon gehört und weißt, dass dabei dem Menschen die Glieder gewissermaßen abfaulen. Es ist, als ob der Mensch schon im Leben das Schicksal erführe, das sein Leib haben wird, wenn er im Grabe liegt. Ein Mensch, der von dieser drüben im Orient ja schrecklich verbreiteten Krankheit befallen ist, gegen die man kein Hilfsmittel kannte, kommt zu Christus. Er hat etwas gespürt von der reinen Allgewalt, die sein Wesen durchströmt und umhüllt. So wie wir fühlen können, dass die Sonne uns wohltut. Hat gespürt, dass dies reine Wesen seine Kräfte ausstrahlt, heilende Kräfte ausstrahlt – wie die Sonne. Und er fühlt und weiß plötzlich in seinem Herzen: *der kann mich heilen!*

Es wird nichts erzählt, und wir wollen das auch für jetzt auf sich beruhen lassen, was er empfunden haben mag dabei. Schließlich spricht ja auch die Bewegung, die er macht – dass er auf die Knie fällt – das deutlicher und erschütternder aus, als viele Worte es vermöchten. Und unter der Berührung des Christus wird er geheilt. Heilende, gesundende Kräfte durchströmen ihn. Auch jetzt wird nichts weiter erzählt, welche Empfindung in ihm aufstanden. Es wird aber erzählt – und das ist wichtig – was der Christus zu ihm sagt: er soll Schweigen bewahren über das, was er erfahren hat. Und er soll, wie es das uralte Gesetz vorschrieb, den Priestern, das heißt durch sie der göttlichen Welt sein Dankopfer darbringen.

Immer wieder hat der Christus den von ihm Geheilten dies Gebot des Schweigens auferlegt. Gehalten freilich hat es keiner, und das ist ja menschlich verständlich. Aber der Christus muss es doch für wichtig gehalten haben. Weshalb wohl? – Nun, einmal wird dadurch deutlich, dass er diese Heilungen nie als Wundertaten, die die Menschen anlocken sollten, vollbracht hat. Er war eben kein »Magier«. Und was er tat, war ebensowenig oder eben in dem gleichen Sinne ein Wunder wie das, dass Pflanzen oder Metalle oder der Schlaf oder die Sonne heilen. Es war einfach in seinem Wesen, ist einfach in seinem Wesen dies »Wunder«. Schweigen sollten die Geheilten. Ein Geheimnis sollte es bleiben, das sie mit sich herumtrügen. Was bewirkt aber ein solches Geheimnis? – Das lässt einen ja nicht los, nicht wahr. Man muss immer daran denken. So aber senkt es sich immer tiefer in das innerste Wesen des Menschen. Es wird eine tief innerliche Kraft. Und die wollte der Christus im Menschen wecken. Ja, von da aus wirkte eigentlich seine heilende Kraft. Das werden wir nachher gleich noch deutlicher sehen. – Schweigen soll der Mensch und das Gesetz erfüllen.

Was aber will der Christus für sich? – Nichts! Nicht einmal Ruhm also! Er will nur, dass die Heilung geschieht. Nicht einmal Dank! Den soll der Geheilte der göttlichen Vaterwelt darbringen. Er will nichts für sich. Er will nur wirken.

Die zweite Heilung, die berichtet wird, ist von ganz anderer Art. Es ist die Geschichte von dem Knaben des Hauptmanns, des Centurio der römischen Besatzung. Es ist eine Geschichte, zu der man viel erzählen könnte. Wir wollen jetzt ja aber die sieben Heilungen einmal im Zusammenhang betrachten und drum bei den einzelnen nicht so lange verweilen.

Hier begegnet der Kranke selbst gar nicht dem Christus. Es ist ein Dritter, der für ihn bittet. Ja Lukas, der die Geschichte auch erzählt, berichtet gar, auch der Centurio habe nicht selbst mit dem Christus gesprochen, habe es in ehrfürchtiger Scheu nicht gewagt, selbst vor ihn zu treten, sondern habe andere gesandt. Seltsamerweise wissen wir von diesem Mann ja einiges. Man hat die Synagoge, von der bei Lukas erzählt wird, dass er sie habe bauen lassen, wieder ausgegraben und hat gefunden, dass sie manches enthielt, was anders war als in anderen Synagogen – und das Andersartige muss ja wohl eben auf diesen Centurio zurückgehen: etwas Weltweites. Aber davon mag Dir die Mutter erzählen und vielleicht auch Bilder zeigen. Da ist ein Mensch jedenfalls aus einem andern Volkstum – und das bedeutete damals ja viel mehr als heute – ein Mensch, der viel von der Welt gesehen hat, ein Mensch auch, der in seiner Seele nicht nur ungewöhnlich tiefe Ehrfurchtskräfte, sondern auch ein tiefes Wissen davon trägt, wie es eine ganze große reich gegliederte Welt überirdischer Kräfte gibt, die in der irdischen Sphäre wirken, auch wenn wir mit unseren Sinnen wohl diese Wirkungen, nicht aber die Kräfte und Mächte selbst wahrnehmen können.

Dieser Mensch hat von dem Wesen und den Taten des Christus gehört. Vielleicht hat er ihn auch bei irgend einer Gelegenheit gesehen. Wir wissen davon nichts. Aber irgendwie hat er eben diesen überwältigenden Eindruck bekommen, dass er in seinem Herzen weiß: da ist einer, der ist größer als alle, die ich kennengelernt habe; und er reicht mit seinem Wesen in diese Welt hinter der Sinnenwelt hinein, so dass er in dieser Welt wirken und heilen kann. Und so bittet er für den Kranken, der ihm teuer ist, der gelähmt ist, keine Lebenskräfte hat.

Da geschieht das denn, was uns nun anschauen lässt, wie das Christus-Wesen gewissermaßen über den Jesus von Nazareth hinausreicht. Wir haben davon ja bei der Berufung der Jünger gesprochen. Erinnerst Du Dich? – »Und in der gleichen Stunde ward der Knabe geheilt.« Dort hinten im Hause des Centurio erfährt er plötzlich die Wirkung dessen, was hier geschehen war.

Die dritte Heilung spielt sich im Hause ab. Wir sehen schon, wie da ein Weg geschildert wird, nicht wahr? Die erste geschah noch auf dem Weg vom Berg herab. Die zweite in der Stadt oder vor der Stadt. Die dritte geschieht im Haus. Es ist ein Weg, der nach innen führt. Nun ist es eine Frau, die krank ist.

Wir wollen es dabei auf sich beruhen lassen, ob nicht vielleicht mit dem Wort »die Schwiegermutter des Petrus« ganz etwas anderes gemeint ist, als was wir heute unter Schwiegermutter verstehen. Wir wollen uns einfach an das Bild halten: es geschieht im Hause des Petrus, und die Frau steht in einem nahen Verhältnis zu ihm. Sie hat Fieber, heißt es; mehr wird von der Krankheit nicht berichtet. Aber das gibt ja schon ein Bild, nicht wahr? Man weiß ja, wie das ist, wenn man Fieber hat. Man steht nicht recht sicher auf der Erde. Auch die Hände können nichts recht greifen und festhalten. – Man ist nicht ganz bei sich, ist nicht ganz »da«. Dafür wird aber eine andere Welt in einem mächtig. Träume – manchmal schreckliche, manchmal aber auch schöne –, eine ganz phantastische Welt tut sich auf und ist so stark, dass man oft nicht weiß, was nun Traum und was Wirklichkeit ist. Und so langsam und schwerfällig man dann mit seinem Leib und seinen Gliedern ist, so rasch eilt dann in Gedanken und Träumen alles dahin. Richtig in »fieberhafter Eile«. Man hat gar keine Zeit für die Erde und findet seinen Platz auf ihr nicht wieder, ist in ganz anderen Räumen. Wenn man Fieber hat, ist nicht nur der Leib krank, auch die Lebenskräfte sind es, und auch die Seele ist krank.

Das müssen wir uns nun bei jener Frau vorstellen, zu der der Christus jetzt tritt. Sie hat das Fieber. Und wie der Christus sie berührt, da weicht das Fieber von ihr. Sie kehrt zurück aus jenen phantastischen Schein- und Traumwelten und erwacht wieder zur Erde. Heilende, gesundende Kühle ist um sie. Und wenn es nun heißt: dass sie aufstand und ihnen diente, so will das nicht nur sagen, dass es so rasch ging. Es bedeutet viel mehr, dass sie nun das tut, was, wenn man den Ausdruck gebrauchen darf – und man muss ihn eigentlich anwenden –, eine Art moralische Medizin, moralische Heilkraft ist.

Ob Du das wohl verstehst? – Ich will's noch mal von einer anderen Seite her Dir zeigen. Siehst Du, es gibt Menschen, die sind zwar äußerlich ganz gesund, haben aber doch »Fieber«, eine Art seelisches Fieber. Ja, man muss sogar sagen, das ist etwas, was das Seelenleben jedes Menschen bedroht, dass es fiebrig wird; dass es sich in phantastische Vorstellungen und Gefühle verliert, die ungeheuer großartig sein können – aber eben doch nur eine lügnerische Scheinwelt darstellen. Das ist sogar eine sehr verbreitete Krankheit, und sie kommt auf allen Gebieten des seelischen Lebens vor. Hier kommen wir schon ganz nahe an das Geheimnis der Krankheit überhaupt heran, von dem wir ganz zu Anfang sprachen: in der Menschenseele hat sie ihren Ursprung. Wo aber der Christus hinzutritt und die Seele berührt, da schwindet dieser Taumel und die Seele wird wieder gesund. Das Christuswesen hat nichts von diesem Überhitzten, Phantastischen, Unwirklichen. Im Gegenteil, es heilt davon. Und die moralische Medizin – siehst Du, jetzt verstehst Du den Ausdruck schon besser. Die Seele muss etwas tun, um gutzumachen, nicht wahr? um zu bessern, was schlecht war, denn sie fühlt ja dabei, dass sie selber schuld ist an dieser Sache! – die moralische Medizin ist: Dienen. Das heißt: ganz schlicht das tun, was notwendig ist. Nicht nur den Menschen »dienen« sondern auch den Dingen ablauschen, was sie brauchen, hinhorchen, hinschauen auf die Erde, sich niederneigen zur Erde – das ist ja eigentlich die tiefe Gebärde des Dienens. Und eben deshalb heilt der Christus durch seine Berührung diese Krankheit und erwacht die Seele voll Scham zu sich selbst, weil er selber ja in dieser Gebärde und diesem Tun ganz rein lebt: sich niederneigen zur Erde und dienen und das Notwendige ganz schlicht tun. Etwas davon haben wir bei der ersten Heilungsgeschichte gesehen. Später werden wir noch mehr sehen.

Wie solche Dinge aber wirklich in dieser Geschichte von der Heilung der Fieberkranken liegen, wird ganz deutlich, wenn wir nun sehen, was nach den drei oder vier Zeilen, in denen das erzählt ist, noch steht: dass am Abend viele von Dämonen Besessene zu ihm gebracht werden, und er sie heilt.

Das, was als seelisches Fieber erscheint, ist schon ein klein wenig so etwas – nun nicht grade wie Besessenheit, aber doch wie ein Tor für allerhand zerstörerische Geister, die den Menschen von der Erde fortlocken wollen in ihr Scheinreich, damit sie auf der Erde das tun können, was sie wollen. Was der Christus tut, ist aber dies, dass er die Menschen zur Erde zurückführt, sie zu sich selbst erwachen lässt.

Und es ist wieder kein Zufall, dass da steht: am Abend. Der Abend ist die besinnlichste Zeit des Tages. Denk einmal an einen Sommerabend auf dem Lande: wenn es dann kühl wird, und alles kehrt heim ins Haus. Am Abend kommt der Mensch zu sich. Er könnte es jedenfalls und sollte es. – Und Du kannst auch an die Paradiesesgeschichte denken, an die Geschichte vom Sündenfall. Da heißt es auch, dass »am Abend« der Herr in den Garten kam und Adam rief – da erwachte Adam erst ganz dazu, was er getan hatte, wozu er sich hatte verführen lassen (»Am Abend, da es kühle ward …« das ist eine der schönsten Stellen aus Bachs »Matthäus-Passion«. Du wirst sie ja hoffentlich einmal hören.) Am Abend wird die Stimme des Herrn vernehmbar. Und der Tag wird gerichtet.

Dass ich Dich daran erinnert habe, war nicht zufällig. Denn wenn man diese beiden großen Bilder nebeneinander hält, dann sieht man gleich den ganzen unendlichen Unterschied von Altem und Neuem Testament. Beide Male ist Abend und herrscht das Gesetz der Abendstunde. Beide Male sind da die Menschen, die dem Einfluss der zerstörenden Geister verfallen sind. Und beide Male »wird die Stimme des Herrn vernehmbar«. Das Alte Testament aber kennt nun nur: das Gericht – wenn es auch gerecht ist – und die Vertreibung aus dem Paradies. Und der Christus des Neuen Testaments – heilt. Er sagt kein Wort von Gericht. Das mögen die Menschen nun selbst in sich empfinden und abmachen (so empfand der Centurio; so ist's mit der »moralischen Medizin« des Dienens). Er kommt nur diese tiefe Krankheit des Menschengeschlechts zu heilen, die Sündenkrankheit zu heilen.

Was ist nun wohl mehr richten? oder heilen? Das magst Du Dir selbst beantworten.

Und damit wollen wir für heute abbrechen und die übrigen vier Heilungen das nächste Mal betrachten.

# Sechster Brief

Der heutige Brief, mein lieber Schnupper, wird ja eine unmittelbare Fortsetzung des vorigen sein, in dem wir begonnen haben, die Heilungen, die Heil-Taten des Christus zu betrachten. Diese Heil-Taten, die er vollbringt, wie er vom Berg herunterschreitet in die Welt der Menschen. Es wäre eine schöne Aufgabe nun, aufzusuchen, wie diese Heiltaten in einem geheimen Zusammenhang stehen mit dem, was der Christus droben auf dem Berg ausgesprochen hat. Wie das, was droben Wort war, nun im Herunterschreiten Tat wird – nicht anders, als sei da oben eine Quelle aufgebrochen und ihr heilendes belebendes Wasser ergösse sich nun in die Erdenwelt. – Da kann man an das Wort denken von den »Bettlern um Geist«, nicht wahr? Wo denn? – Nun, findest Du's? – Da ist einer, der lebt ganz in dem tief demütigen Bewusstsein der eigenen Armut, des eigenen Ungenügens gegenüber der strahlenden Größe des Christuswesens. Das ist – nun, nicht wahr, der Centurio ist das. Grade einer, der als Römer sowohl als auch als Soldat im Übrigen ein stolzes Selbstbewusstsein haben muss. So vereinigt sich das da: nach außen ist er – das zeigen ja auch seine Worte – der selbstbewusste Herr seiner Untergebenen. Nach innen lebt er in dem demütigen Bewusstsein, dass er der göttlichen Welt gegenüber sehr gering ist.

Aber das ist nur eines von vielen Worten. Das Wort vom Richten wird Dir auch einfallen. Und auch das, dass man nichts tun soll, um Dank und Ruhm bei den Menschen zu gewinnen. – Ach, man könnte schon in diesen drei kleinen Erzählungen den ganzen Geist der großen Bergpredigt finden und zeigen, wie Christus nichts gesagt hat, was er nicht auch getan hätte. Er hat nie den Menschen Moral gepredigt. Das ist ja sehr billig. Was er tat, war: das große Bild des priesterlichen Menschen aufstellen, der die kranke Welt heilt. Was er herniedertrug war heiliger, heilender Geist. Droben auf dem Berg ist der rein aufgeleuchtet. Nun trägt er ihn hernieder. Und so sehen wir gleich in den ersten Taten des Christus das verwirklicht, was Johannes der Täufer von ihm gesagt hatte: Er wird Euch mit dem heiligen Geist taufen! –

Wir wollen heute nun das, was unmittelbar auf die dritte Heilungsgeschichte folgt, zunächst außer Acht lassen und uns gleich der vierten Heilung zuwenden. Nur so viel wollen wir uns sagen, dass da also gleichsam Raum geschaffen, ein Zwischenraum geschaffen wird, der die nun folgende Erzählung besonders bedeutsam erscheinen lässt – ebenso wie ihr dann, bevor die letzten drei Heilungen geschildert werden, wieder einiges andere folgt, auch nach jener Seite Raum schaffend. So wie eben das mittelste der sieben Lichter seine besondere Stellung hat.

Es ist die Erzählung von der Heilung des Gichtbrüchigen, des Gelähmten. Du musst Dir das nun einmal ganz deutlich vorstellen, wie es geschildert wird. Der Gelähmte. Reglos, unfähig sich zu bewegen, sich aufzurichten, unfähig auch nur einen Schritt zu tun, liegt er auf seiner Bahre. Es ist nicht einmal sicher, ja es ist sehr unwahrscheinlich, dass er seine Hände bewegen kann. So liegt er da – lebendig, und doch wie ein Toter. Nur seine Augen leben und in seinem Herzen die Qual und der brennende Wunsch: heil zu werden; das zu sein, was er eigentlich sein sollte, nachdem er doch nun einmal Füße hat, mit denen er schreiten, Hände, mit denen er wirken sollte; gelöst zu werden von den unsichtbaren Banden, die ihn gefesselt halten – fester und unzerreißbarer als Stricke oder Ketten es könnten.

Jahrelang mag er so gelegen haben. Etwas aber blieb ihm, blieb stark und lebendig in seinem Herzen: die Hoffnung und der Glaube, dass er geheilt werden könne. Und ganz stark und gewaltig müssen die angeschwollen sein, als er nun von dem Wesen und den Taten des Christus vernahm. Viere tragen ihn auf seiner Bahre zu dem Christus hin. Sie tragen ihn nicht anders als man einen Toten zu Grabe trägt. Aber eigentlich ist es doch dieser Glaube, die Kraft dieses Glaubens, die ihn dahin trägt.

Das ist das erste Bild, das wir so deutlich und stark wie möglich vor uns hinstellen wollen. Wie gefesselt von unsichtbaren Banden, unter denen er sich nicht regen kann, wie ein Toter auf seiner Bahre wird er dahin getragen.

Und nun wollen wir gleich das Schlussbild anschauen: Frei – aufrecht – ein lebendiger Mensch schreitet er davon und trägt geschultert die Bahre, die ihn bisher getragen hat.

Diese beiden Bilder in ihrer ganzen Gegensätzlichkeit musst Du einmal fühlen, mein Schnupper. Wie ein Grabgeleit das eine – und dann schreitet der gleiche Mensch, wie ein Jüngling ins Leben hineinschreitet, gleichsam aus seinem Sarge davon, und trägt ihn auf seinen Schultern, eine plötzlich leicht gewordene Last.

Fühlt man in seinem Herzen einmal die ganze Gegensätzlichkeit dieser beiden Bilder, den ungeheuren Umschwung von dem einen zum andern hin – dann erst ahnt man die Macht, die geheimnisvoll alles verwandelnde Macht, die dazwischensteht und das eine aus dem andern hat werden lassen.

Aber bevor wir darauf blicken, wollen wir diese beiden Bilder noch einmal in einem Zusammenhang betrachten, der uns erst ihr ganzes Gewicht, ihre ganze tiefe Bedeutsamkeit enthüllen soll – wenigstens anfangsweise. Das ist ja das Schöne und Bedeutungsvolle an dem Alter, in dem Du jetzt stehst, dass Du beginnst, Dinge zu begreifen, die sich Dir dann von Jahr zu Jahr größer und deutlicher zeigen werden.

Nun versuch' einmal in Dir selber das nachzufühlen, als würde die Lähmung, die diesen Menschen da befallen hat, Dich selber ergreifen. Als würden Deine Glieder immer schwerer und schwerer, als legte sich eine ungeheure Last auf Dich, dass Du schließlich umsänkest und nicht mehr Dich aufrichten könntest, als lägest Du nun da, gefesselt. Und dann frag Dich einmal: hast Du nicht so etwas – ein ganz klein wenig zumindest – schon einmal erlebt?

Ich meine jetzt nicht etwa eine Grippe oder so etwas Ähnliches. Ich meine etwas viel Feineres und Zarteres, darum aber nicht weniger Wirkliches. Und ich möchte wohl wissen, ob Du darauf kommst?

Ich meine das, was man in sich erlebt, wenn man etwas Unrechtes getan hat.

Ja? Ist's nicht so, dass man davon wie gelähmt – nein! nicht »wie gelähmt«, sondern wirklich gelähmt – wird? Und dann kommt noch etwas dazu. Nachher will man ja zunächst nicht recht zugeben, dass dies oder das nicht recht war. Und man verhärtet sich richtig darin: »Ich kann doch tun, was ich will, und ich hab doch Recht!« und: »Mögen sie drüber denken, was sie wollen!« und so fort. – Das Seltsame dabei ist aber, dass man's gar nicht wahr haben will vor sich selber, dass man hart wird dadurch. Man merkt erst richtig, wenn dann das andere geschehen ist: wenn's einem verziehen worden ist, wenn man selber eingesehen hat, was los war – und nun wieder frei aufatmet und wieder frei hinschreitet. Da merkt man erst, wie schauderhaft das andere eigentlich war! Was für eine Last plötzlich von einem abgefallen ist!

Und nun denk einmal an etwas, was Du oft gesehen hast, wo auch zwei Menschen so gefesselt wurden: »Ich will sie binden mit Kette und Band!« Das ist im Paradeisspiel, nicht wahr? Und nun verstehst Du das viel besser!

Wir mögen's anfangen, wie wir wollen: alles Unrecht-tun macht uns hart und schwer, fesselt und lähmt uns und macht uns unfrei.

Was aber der Einzelne so in sich erleben kann, das hat die Menschheit als Ganzes auf ihrem Weg durch die Jahrtausende erfahren. Was mit dem Sündenfall begann, hat sich fort- und fortgesetzt. Immer mehr und mehr verhärtete sich der Mensch, immer schwerer legte sich die Last der Untaten auf ihn wie ein Albdruck, immer unlöslicher wurden die Fesseln, die ihn banden.

(Du wirst jetzt vielleicht sagen: Ja, aber im Paradeisspiel muss doch der Satan die beiden loslassen – »Pack dich weg, Satan, du Höllenhund!...« –? Das stimmt schon. Aber was das schöne alte Spiel da schildert, ist doch nur eine Prophezeiung von etwas, das einmal geschehen wird. Das dann auch durch den Christus geschehen ist.)

Das innerste Wesen, das Ich-Wesen des Menschen, das schuldhaft wird, lässt ihn immer mehr und mehr erstarren. Und was im Geistigen und in der Seele beginnt, das kann sich schließlich bis ins Physische, bis in den Leib hinein, fortsetzen. Davon haben wir ja schon gesprochen, nicht wahr?

Und nun blicken wir wieder auf unsre Geschichte. Da sehen wir das Schicksal *eines* Menschen. Aber was dieser Eine erlebt, das ist ja das Schicksal *des* Menschen überhaupt. Es ist nicht irgend ein zufälliges Einzelschicksal. Es ist eines, das uns alle angeht!

Und jetzt können wir auf das Mittelstück, auf das Herzstück der ganzen Geschichte blicken und werden sie verstehen können. Da ist dieser Gelähmte. Aber etwas lebt in ihm: der Glaube und die Sehnsucht, wieder gelöst zu werden, wieder frei hinschreiten zu können. Und diese Sehnsucht, dieser Glaube tragen ihn hin zu Christus. Zu dem Wesen, das so frei hinströmt wie, ja wie das Licht der Sonne. In dem so wenig Verhärtung, so wenig Schwere ist wie – nun ja, eben wie in den Strahlen des Lichts. Und wie er nun da im Haus unter all den vielen herzudrängenden Menschen vor ihm liegt, da spricht der Christus dies Wort, das einem vielleicht zuerst seltsam vorkommen mag, das Du jetzt nach allem, was wir eben vor uns hingestellt haben, aber schon besser verstehen kannst: »Fasse Mut, Kind, Deine Sünden, sind dir vergeben! – Seltsam, nicht wahr, da möchte einer von seiner Krankheit geheilt werden. Christus aber sagt: »Deine Sünden, Deine Verfehlungen sind von Dir genommen.« Ist das nicht ganz etwas anderes? – Ach, Du ahnst, Du weißt es schon, nicht wahr? – Es ist ja das Gleiche! Und wie Christus dann fragt: »Was ist leichter zu sagen: Deine Sünden sind Dir vergeben« Oder: Stehe auf und wandle!?« – Nun, was ist denn wohl leichter? – Was meinst Du? – Es ist beides das Gleiche! Das »Stehe auf!« ist nur die Fortsetzung, die Erfüllung des »Deine Sünden sind Dir abgenommen«. Und das ist eben die Voraussetzung für das andere: »Nun richte Dich auf und schreite ins Leben hinein!«

Wie der Kranke sich nun aufrichtet, wie er fühlt: die Hände, die Arme sind gelöst, ich kann sie rühren, kann sie bewegen! Die Last, die auf mir lag, ist nicht mehr da – ich kann mich aufrichten! Die Beine, die Füße sind nicht mehr gefesselt – ich kann sie beugen, kann auf die Knie, kann – aufstehen! Kann schreiten! Ich bin frei! Bin gelöst. Mir ist verziehen worden! – Wie dies jubelnde Gefühl in ihm aufwächst, ihn erfüllt wie ein Frühlingswind, wie das milde Licht des jungen Tages – das kannst Du gewiss fühlen. Und wie er nun davonschreitet – so leicht, so wie gereinigt, mit einem Herzen, in dem sich der Jubel wie das Lied einer Lerche emporschwingt – und das Volk ringsum, das teilnimmt an diesem Geschehen, das erschüttert ist und in Jubel und Lobpreis ausbricht – das sich vorzustellen, nicht wahr, das ist nicht schwer. Es ist, als ob ihnen allen verziehen wäre! Dem Menschen ist verziehen worden. Und leicht wird ihm wieder, was er zu tragen hat.

Ein großes Rätsel aber, ein tiefes Geheimnis bleibt noch: das, worüber die Schriftgelehrten nicht hinweg-

kommen, und das sie sagen lässt: »Das ist eine Gottes-
lästerung!« Wie kann denn der Christus sagen: »Deine
Sünden sind Dir vergeben!«? – Und was heißt das überhaupt? – Wie kann einer es denn wagen, dies Wort aus-
zusprechen?

Die Schriftgelehrten, die so dachten, hatten schon
ganz recht. Es gibt keinen Menschen, und wäre er der
edelste und reinste, der ein Recht dazu hätte, das zu
sagen. Er maßte sich damit etwas an, was in Wahrheit
nur einem zusteht: Gott. Dem väterlichen Weltengrund.

Das ist ja ganz klar, nicht wahr?

Die Schriftgelehrten, die so dachten, übersahen nur
eines: dass Christus in die Erdenwelt gekommen war,
die Schuld der Menschheit auf sich zu nehmen, sie selber
zu tragen und abzuleiden.

Was ich Dir da jetzt gesagt habe, ist etwas ganz ganz
Großes. Es ist vielleicht das Allergrößte in der ganzen
Erdengeschichte überhaupt. Dass da ein Wesen, das selber ganz schuldlos war, sich entschloss, die ganze ungeheure Schuld der Erde auf sich zu nehmen, nicht nur die
der Vergangenheit sondern auch die der Zukunft. Und
jede ungute Tat des Menschen ist seitdem etwas, worun-
ter Christus leidet, ein Schmerz, der ihm zugefügt wird.

Sieh, deshalb hat der Christus die Vollmacht, zu
sagen: »Deine Sünden sind Dir vergeben!« »Sie sind von
Dir genommen!« Er hat sie auf sich genommen.

Davon spricht er kein Wort. Er tut es, stillschweigend.
So steht er im Mittelpunkt, in dem Herzstück dieser
Geschichte. Schau sie Dir noch einmal an, diese drei Bilder: der Mensch, der hinkommt zu ihm, gelähmt, auf
seiner Bahre liegend, gefesselt, niedergehalten von einer
unsichtbaren Macht der Schwere. – Der Mensch, der

von ihm herkommt, frei, aufrecht, gelöst und selber als eine leichte Last schulternd, was ihn bisher trug. – Und in der Mitte der Christus, der das, was da zu ihm kommt, empfängt, als hätte Gott selber es ihm gegeben (und so ist es auch!), und es in sich hineinnimmt, still, und gesundet entlässt. –

Das ist die Geschichte von der Heilung des Gichtbrüchigen. Man könnte auch sagen: die Geschichte vom Verzeihen.

Und Du wirst jetzt auch verstehen können, weshalb gerade die im Mittelpunkt steht, eine so ganz besondere Stellung einnimmt. Sie spricht ja so ganz unmittelbar aus, was eigentlich der Kern und der Urgrund der Krankheit des Menschengeschlechts ist, woran der Mensch krankt, dass er nicht im vollen und wahren Sinne Mensch sein kann. Wir haben davon ja schon das vorige Mal gesprochen. Und Du wirst jetzt das Wort »Sündenkrankheit« schon besser verstehen.

Es ist nicht leicht zu begreifen, was ich Dir heute geschrieben habe, nicht wahr? Aber wenn Du nur dies empfindest: wie das Schuldigwerden den Menschen lähmt und fesselt, verhärtet und sich als schwere Last auf ihn legt – und wie er frei und gelöst sich wieder aufrichten und ins Leben schreiten kann, wenn ihm verziehen ist. Wenn Du empfindest, wie der Gelähmte von Christus erhoben, aufgerichtet wird. Und wenn Du dies empfindest, wie der Christus in sich hineinnimmt, auf sich nimmt die Schuld des Menschen, die ihn krank macht – Wenn Du dies Dreifache begreifst, dann ist's schon genug.

# Siebter Brief

Die Geschichte, mein lieber Schnupper, die wir heute als nächste anschauen wollen, gehört zu den geheimnisvollsten und wunderbarsten, die überhaupt je aufgeschrieben worden sind. Es ist eine Geschichte, die ganz tiefe und geheimnisvolle Zusammenhänge ahnen lässt und das ganz in der Weise tut, wie das Evangelium überhaupt geschrieben ist: so dass es das, was es eben offenbart, gleichzeitig wieder verhüllt. Liest man's nur so obenhin, wie man die Zeitung oder irgend ein Buch lesen mag, dann sieht man da Dinge, die zuweilen seltsam, zuweilen banal, zuweilen auch sehr widerspruchsvoll erscheinen. Versteht man's aber mit dem Herzen zu lesen, dann entdeckt man plötzlich die wunderbarsten Edelsteine und Kostbarkeiten. Nur – es braucht eben die Liebe und die Geduld des Herzens. Es ist damit wie im Märchen. Inwiefern, das magst Du selber einmal finden und sagen.

Doch nun zu unserer Geschichte, der Geschichte von der Tochter des Jairus. Wir wollen sie aber in der ausführlicheren Form betrachten, wie sie Markus (im 5. Kapitel) erzählt.

Da ist also dieser Jairus, ein Mann, der in der Gemeinde eine führende Stellung einnimmt, ein hochgeachteter Mann. Mehr wird von ihm nicht erzählt. Der hat eine Tochter, die ist grade 12 Jahre alt, das heißt: sie steht grade an der Schwelle, wo aus dem Kind ein junges Mädchen werden soll. (Da drüben reifen die Menschen ja rascher als bei uns.) Und da wird sie krank. Es wird nicht von einer bestimmten Krankheit gesprochen, und wir können annehmen, dass da auch gar nichts Bestimmtes war, dass es irgendwie rätselhaft blieb, dass keiner recht wusste, weshalb und wieso – nur, dass es irgendwie mit diesem Übergang von einem Lebensalter in das andere zusammenhing. Dass da außerdem noch etwas anderes, etwas viel Bedeutungsvolleres vorlag, werden wir gleich sehen. Sie wird also krank, es wird schlimmer und schlimmer mit ihr, die Ärzte stehen ratlos und machtlos davor, es wird so schlimm, dass man ihren Tod erwarten muss. Da, im Augenblick der höchsten Not, reißt sich der Vater los von dem Krankenbett und eilt zu Christus, dem großen Heiler, fällt vor ihm nieder und bittet ihn, fleht ihn an, mit ihm zu kommen, die geliebte Tochter vor dem Sterben zu bewahren. Christus schaut ihn an, erhebt sich und folgt ihm; eine große Menge Volks kommt mit, von Neugierde getrieben die einen, andre aus wirklicher Teilnahme, manche, weil sie überhaupt von dem Wirken und Wesen dieses rätselhaften Menschen geheimnisvoll angezogen sind.

Auf dem Wege zum Haus des Jairus ereignet sich nun etwas, das so wie ganz absichtslos, wie zufällig sich einfügend in den Verlauf der anderen Geschichte erzählt wird. Da ist eine Frau, die ist krank, und kein Arzt kann ihre Krankheit heilen, so viele sie auch schon aufgesucht und befragt hat. Ihr ganzes Vermögen hat sie für Ärzte und Medikamente ausgegeben – aber die Krankheit blieb. Nun ist sie mit in der Volksmenge, die sich um Christus und seine Jünger drängt, und eine Hoffnung erwacht in ihr: vielleicht könnte der mir helfen! Sie wagt es gar nicht, vor ihn zu treten und ihn zu bitten. Sie möchte ihn nur anrühren, dass etwas von seiner heilenden Kraft in sie überströme. Und in dem Gedränge gelingt es ihr wie zufällig. Im gleichen Augenblick spürt sie: sie ist gesund, die Krankheit ist von ihr gewichen. Sie ist geheilt.

Wie nun, was sie gemeint hatte, ganz heimlich tun zu können, nicht verborgen blieb; wie der Christus merkte, dass da etwas geschehen war, die Frau mit Bangen vor ihn tritt und sofort – dies alles wollen wir jetzt außer Acht lassen und nur dies eine uns noch merken: dass die Frau seit 12 Jahren krank war.

Im gleichen Augenblick aber ist etwas anderes geschehen, und zwar im Hause des Jairus. Das Mädchen, das sterbenskrank darniederlag, das schwächer und schwächer geworden ist, fällt plötzlich in eine tiefe Bewusstlosigkeit, in eine Art tiefe Ohnmacht. Sie hört auf zu atmen. Der Puls schlägt nicht mehr – es ist aus, scheint es. Der Arzt kommt zu spät. Und so sendet man einen Boten zu Jairus, ihm die traurige Nachricht zu bringen und ihm zu sagen, dass man nun »den Meister« nicht mehr zu bemühen brauche.

Du musst Dir diese Szene einmal richtig vorstellen: alle die vielen Menschen, Christus in ihrer Mitte, bei ihm Jairus – der Bote kommt – das Erschrecken des Vaters, seine Verzweiflung: nun war's doch umsonst und zu spät! – das Volk: mitleidig die einen, achselzuckend die andern; nur einer bleibt ganz ruhig, von der gleichen strahlenden Ruhe wie sie immer um ihn ist, von der tiefen Sicherheit eines, der weiß, der mehr weiß als die andern, weil er nicht nur das sieht, was im Vordergrund geschieht sondern die tiefen geheimnisvollen Zusammenhänge kennt. Und er kehrt keineswegs etwa um, sondern setzt seinen Weg fort, wie er ihn begonnen hat. Hat er schon, als er sich erhob, gewusst, wie alles geschehen würde? – Er verrät nichts davon, prunkt nicht mit seiner Überlegenheit – er sagt nur das, was notwendig ist, um die helfenden Kräfte des Herzens in dem bangenden Vater zu stärken und zu wecken: »Fürchte Dich nicht! Glaube nur!« Nichts weiter. Aber so, wie er es sagt, das muss schon gewesen sein, als ob dem Menschen eine ungekannte Kraft zuströmte, dass er, der eben noch verzagen und verzweifeln wollte, plötzlich eine Hoffnung aufwachen fühlte – eine ganz sinnlose Hoffnung; aber sie war da.

So setzen sie ihren Weg fort in das Haus, das nun ein Trauerhaus geworden ist. Nicht die große Menge mehr freilich. Christus hat auch hier das Notwendige getan, hat alle Neugierde davongewiesen. Selbst von seinen Jüngern dürfen ihn nur drei, nur die drei allernächsten begleiten. So kommen sie zum Haus des Jairus, das wie es in jenen Gegenden der Brauch ist, schon widerhallt von dem lauten Klagen und Schreien der Klageweiber. Christus wehrt dem lauten Getümmel: »Sie ist nicht tot. Sie schläft nur!« – Aber wie können die das glauben, die sie da haben liegen sehen: ohne Atem, ohne Pulsschlag, erkaltend und erstarrend. Nein, nein – sie können doch einen Schlafenden und einen Toten unterscheiden! – Da geht der Christus durch sie hindurch in das Zimmer, in dem das Mädchen liegt und weist alle hinaus. Nur der Vater und die Mutter und die drei Jünger sollen bleiben. Nun sieh das wieder: wie die Tür sich hinter den andern geschlossen hat – es ist still geworden in dem

Raum. Da stehen die drei Jünger – da stehen die Eltern, bangend und hoffend, – da liegt das Mädchen still und bleich – und die Blicke der fünf wandern bald zu ihm, bald zu dem Siebenten bei ihnen, von dem solch seltsame gesammelte Kraft ausgeht, der ganz still dasteht. Und dann ergreift er die bleiche Hand des Mädchens und tut seinen Mund auf: »Mädchen, ich sage Dir, erwache!«

Und es geschieht, was sie alle für ein unbegreifliches Wunder halten müssen: langsam öffnet das Mädchen die Augen, der Atem kehrt wieder, das Herz beginnt zu schlagen, sie richtet sich auf... Wie mag sie wohl geschaut haben? – Wie eine, die von weither kommt. Sie war ja auch verwandelt. Ich hab da etwas nicht ganz richtig erzählt und auch im Text steht es so, dass man's gar leicht überliest, wenn man nicht sehr aufmerksam ist. Vorher nämlich stand immer da: das »Kind«. Jetzt aber heißt es: das »Mädchen«. Das »Jungfräulein« müsst man's eigentlich übersetzen.

Das Kind hat sich niedergelegt zum Sterben, und das Jungfräulein hat sich erhoben.

Man soll ihr zu essen geben, sagt Christus. (Dass sie's wieder lerne, fest auf der Erde zu stehen.) Und man soll schweigen über das Geschehene. (Dass es nicht zerredet werde, sondern in Ehrfurcht als ahnungsvolles Geheimnis in den Seelen stehen bleibe.) Und er geht weiter seines Wegs.

Das ist die Geschichte, wie sie das Evangelium erzählt – und ich möchte gar nicht mehr viel dazu sagen. Denn das ist eine von den Geschichten, um die so ganz besonders der Duft des Ahnungsvollen und Geheimnisvollen webt und weben soll, durch die man sich ehrfürchtig hineinahnen soll in die höheren Welten, die sich in ihr verschleiern.

Nur so ein paar kleine Fingerzeige will ich Dir noch geben, so wie Wegweiser, die in die Richtungen zeigen, in denen man gehen muss.

Da ist zunächst dies, was Dir gewiss aufgefallen ist: das Mädchen ist 12 Jahre alt – und die Frau, die den Christus auf dem Wege zu dem Mädchen trifft, ist seit 12 Jahren krank. Sie wurde also krank, als das Mädchen geboren wurde! – Es wird nichts davon erzählt, dass die beiden in irgendeiner äußeren Beziehung zueinander gestanden, ja dass sie sich auch nur gekannt hätten. Und doch muss da eine Beziehung bestehen, irgend ein tiefes Schicksal, das die beiden miteinander verbindet, obwohl sie nichts davon wissen. Sonst wäre das nicht so erzählt. Und auch, dass das Mädchen grade in dem Augenblick in die tiefe todesähnliche Bewusstlosigkeit fällt, als die Frau vor Christus steht und geheilt wird, weist auf diesen Zusammenhang.

Wie ist das aber möglich, wenn sie einander gar nicht kennen? – Nun, nicht wahr, vielleicht haben sie einander doch gekannt. Früher einmal. In einem fernen Leben. Und von daher webt etwas zwischen ihnen – auch wenn sie nichts davon wissen. In dem Augenblick aber, den die Geschichte schildert, war eine Art Krisis eingetreten. Das war eigentlich die Krankheit des Mädchens. Und sie erreichte ihren Höhepunkt in jenem Augenblick, da die Frau vor Christus stand und das Mädchen in seinen todesähnlichen Schlaf verfiel.

Die Krankheit, die zu heilen der Christus gekommen war, ist ja – das haben alle die Geschichten vor allem aber die vorige, die mittelste, gelehrt – die Krankheit in ihrem tiefsten Sinn und Ursprung: die Sündenkrankheit. Die waltet nicht nur im Leib des Menschen, sondern in allem Menschlichen überhaupt: in seinen jungen Lebenskräften – in seiner Seele – in seinem Ichwesen – und sie wirkt und waltet auch in den Schicksalen, in dem, was über das Bewusstsein des Menschen hinausgeht. Auch in dieser Sphäre waltet Krankheit. Und sie wird geheilt durch den Christus. –

Aber weiter noch. Die Krankheit, an der die Frau leidet, und die Schwelle, die das Mädchen zunächst nicht überschreiten kann – das hängt ja zusammen mit den geheimnisvollsten Kräften, die in der Leiblichkeit des Menschen wirken, mit den Kräften, die man nennen könnte: die Kräfte des Lebensbaumes, der im Paradiese stand. Das was sie in der Leiblichkeit des Menschen wirken, ist ja nur ein Teil dieser Kräfte. Dieser Baum reicht hinauf in hohe, hohe Sphären. Die Märchen und die Mythen sind voll von Ahnungen dieser höheren Kräfte des Menschenwesens, die für gewöhnlich wie im Schlafe liegen und erst geweckt werden müssen – und da ist's dann auch immer wieder die Jungfrau, die geweckt werden muss! Du findest wohl selber Beispiele genug. Hier aber, in dieser Geschichte, erklingt gleichsam für die ganze Menschheit das: Jungfrau, erwache!

So webt da vieles ineinander in dieser Geschichte. Mag es damit genug sein.

Die beiden Heilungsgeschichten, die noch folgen, wollen wir nur ganz kurz noch anschauen.

Da sind die beiden Blinden zunächst. Man muss sich dies Schicksal schon einmal vorstellen. Das: immer im Dunkeln sein. Dies Umhertappen. Dies: nicht wissen, was um einen alles vorgeht. Man muss das einmal ganz durchfühlen. Und muss dann fühlen, wie es wohl wäre, wenn sich nun die Augen öffneten – es würde hell – man sähe plötzlich, woran man bisher nur gestoßen ist – die enge, enge Welt würde plötzlich so weit – so weit.

Das erfahren die beiden Blinden, die da geheilt werden.

Aber auch sie stehen da eigentlich nur für die Menschheit überhaupt. Denn, nicht wahr, das hat ja grade die vorige Geschichte auch ahnen lassen: es ist ja ein Stück unseres allgemeinen Menschenschicksals. – Blindsein. Was mit der Frau, was mit der Tochter des Jairus war – es sah keiner. Aber einer schaute doch in diese Welt geheimer Zusammenhänge hinein, an die die Menschen nur anstießen und sich wehtaten. Der schaute in die ganze unendliche Weite und Tiefe der Welten, die wir in unserm Dunkel nur eben ahnen. Um diese Augen und um diese Blindheit handelt sich's eigentlich.

Was sahen die Blinden denn, als sie die Augen aufschlagen konnten? – Sie sahen – den Christus. Und auch wir könnten ihn sehen. Denn er ist immer da. Wir sind nur Blinde. Aber es geht uns, wie es jenen ging. Christus sagte: »Euch geschehe nach Euerm Glauben!« Das heißt nach der Kraft Eurer Herzen! Mögen sie stark werden, dass auch wir aus Blinden zu Sehenden werden!

Und die letzte Geschichte: der Stumme beginnt zu reden. Die Kraft des Wortes wird ihm wiedergegeben.

Du hast gewiss schon Stumme gesehen und hast etwas davon gefühlt, dass da eigentlich etwas Unheimliches ist. Ein Mensch, der nicht sprechen kann! Nichts macht ja den Menschen so sehr zum Menschen, gibt ihm seine hohe Stellung wie eben die Gabe des Wortes. Freilich,

ich meine nicht das Schwatzen jetzt. Aber das Wort wie es die großen Sänger und Dichter brauchen. Und früher hat man noch mehr gewusst von der Kraft des Wortes. Da wusste man noch von seiner magischen Kraft, wusste, dass sie noch in ganz andere Bereiche der Welt hineinzuwirken vermag. Wenn heute Menschen sprechen, da geschieht weiter nicht viel, da rührt sich nichts. Als Gott sprach, da wurden Welten!

Ja, aus dem Wort ist alles Entstandene geworden. Du kennst ihn ja, den Beginn des Johannes-Evangeliums.

Und das, siehst Du, ist das unendlich hohe erhabene Menschenziel, das diese letzte Geschichte eigentlich vor uns hinstellt: dass der Mensch aus einem Geschöpf zum Schöpfer wird – in einem sehr hohen Sinne.

Aber davon werden wir später noch zu sprechen haben.

Das sind die sieben großen Heiltaten des Christus, wie Matthäus sie uns schildert. Schau sie nun noch einmal an die Kranken und Geheilten: Der Aussätzige, dem sein Leib zu sterben droht. Der Jüngling – Du kannst dabei an einen griechisch-römischen Jüngling, an einen Epheben denken (schau Dir die schöne griechische Plastik an!) Die fieberkranke Frau, die der Erde liebevoll dienen lernt.

Der Gelähmte, der seine Bahre schulternd, frei dahinschreitet.

Und wieder Frauen: und das »Erwache, Jungfrau!« und wie sie sich aufrichtet.

Und die Blinden, denen die Augen sich auftun. Und der Mensch, dem die Schöpferkraft des Wortes gegeben wird, das seine Würde ausmacht, durch das er über sich hinauswachsen kann.

Schau sie an die sieben! Und Du wirst immer besser und besser verstehen, was es heißt, dass der Christus kam, die Sündenkrankheit zu heilen und das Menschenbild, das herrliche Menschenbild wiederherzustellen.

# Achter Brief

Was wir zuletzt miteinander besprachen, mein lieber Schnupper, waren die sieben Heiltaten des Christus, war die siebenfache Heilung des Menschen, die Wiederherstellung und Aufrichtung des Menschenbildes. Du wirst Dich daran erinnern und ich brauche es nicht zu wiederholen.

Wenn Ihr nun damals die entsprechenden Kapitel des Evangeliums ganz gelesen habt, so wirst Du Dich auch daran erinnern, dass das neunte Kapitel bei Matthäus nach der Erzählung von der Erweckung der Tochter des Jairus, der Heilung der Blinden und des Stummen noch einen Nachsatz bringt: Christus sieht das Volk führerlos und elend. Er spricht, von tiefem Erbarmen erfüllt, von der Größe der Aufgabe und dass Menschen nötig seien, die helfen und mitwirken bei diesem großen Werk.

Und wenn Du vielleicht auch die nächsten Zeilen noch gelesen hast, die das zehnte Kapitel eröffnen, dann weißt Du, dass nun der Kreis der zwölf Jünger erwählt und gleichsam konstituiert wird.

Das ist etwas sehr Bedeutsames, dass es in diesem Augenblick geschieht: nach der Vollendung der Heilungen. Die mussten vorausgehen. Es musste zuvor das reine, hohe, göttliche Menschenbild wiederhergestellt sein in seiner ganzen Fülle und Reinheit. Danach konnte dies andere große Bild erscheinen: der Christus im

Kreise der Zwölf: ein Abbild des anderen großen Bildes: die Sonne im Kreis der zwölf Tierkreisbilder. Was auf Erden geschieht, beginnt nun wieder nach Himmelsordnungen sich zu gestalten.

Aber noch etwas anderes ist bei dieser Berufung der Zwölf wichtig, etwas, das man gut beachten soll. Sie werden nicht so berufen, dass sie das nun etwa als eine Bevorzugung empfinden könnten, in der sie sich sonnen könnten. Sie werden zu einem Werk gerufen und unmittelbar mit ihrer Berufung ist ihre Aussendung verbunden. Sie werden nicht berufen zu genießen, sondern zu wirken. Und es ist gewiss kein leichtes Werk, zu dem sie gerufen werden. Das muss man wohl beachten.

Freilich, ein Vorzug bleibt's immer: wirken zu dürfen. Wirken zu dürfen mit Christus. Ja, es ist der größte Vorzug, den es überhaupt gibt. Aber es heißt eben auch: vieles auf sich nehmen aus Liebe zu diesem Werk, manche Mühsal, manches Leid, manch bittere Erfahrung.

Davon spricht der Christus in der großen Aussendungsrede, die das ganze zehnte Kapitel füllt und die wir zunächst übergehen wollen, ebenso wie das folgende elfte Kapitel, in dem vor allem über Johannes gesprochen wird. Was dann im zwölften Kapitel folgt, wollen wir aber ein wenig betrachten.

Es handelt vom Sabbath, den Sabbath-Geboten und ihrer Erfüllung – und von ihrer Überwindung.

Dazu muss man nun aber zunächst einmal anschauen, was das überhaupt ist, der Sabbath. Er ist nämlich etwas ganz anderes als unser Sonntag. Und dass er am Samstag – genau genommen von Freitag-Abend bei Sonnenuntergang an – gefeiert wird, ist nicht nur ein äußerer Unterschied.

Es ist der siebente Tag der Woche, der Tag, von dem es im Weltschöpfungsbericht heißt: »Und Gott ruhte von allen seinen Werken und betrachtete, was er gemacht hatte, und siehe, es war sehr gut.« So sollte auch der Mensch ruhen an diesem Tage. Aber er sollte nicht nur ausruhen, sich erholen – so war es nicht gemeint. Er sollte an diesem Tage sich ganz versenken in das Sein, in das Gewordene. Er sollte ruhen – wie Gebirge ruhen, um die das Geheimnis der Ewigkeit webt. Es war Ewigkeit, die man zu erahnen, in die man sich zu versenken trachtete.

Du weißt ja, dass die Wochentage ihre Namen von den Sternen haben. Und der Samstag hat seinen Namen vom Saturn. Im Englischen ist das ja noch deutlicher als im Deutschen. Der Saturn aber ist der Uralte, der Allerälteste, und wird dargestellt mit einer Hippe, einer Sense, wie man dann auch den Tod dargestellt hat. Und wie der Sonne das Gold, dem Mond das Silber, dem Mars das Eisen, dem Merkur das Quecksilber, dem Jupiter das Zinn und der Venus das Kupfer zugehört, so dem Saturn das schwere Blei.

Etwas von dieser bleiernen Schwere, von diesem Gesteinhaften lag wirklich über dem Sabbath, etwas Todhaftes, ein Versinken in den Urgrund des Seins.

Das war – ursprünglich jedenfalls – gar nichts negativ zu Beurteilendes. Es war schon recht so, und die Menschen haben aus dieser Versenkung unendliche Weisheit geholt.

Man sollte ruhen, sollte nichts tun. Und im Laufe der Jahrhunderte waren dann unzählige Regeln und Gesetze entstanden, was nun doch etwa noch verstattet wäre, und was nicht. Das Leben ging ja auch an diesem

Tage immer weiter. Aber man hat das ungeheuer ernst genommen.

Da wird zum Beispiel folgende Geschichte erzählt. Auf einem Schiff diente ein Steuermann, der war Jude. Dies Schiff kam in einen furchtbaren Sturm. Es war grade Freitag, und der Tag ging zur Neige. Als nun die Sonne unterging, da ließ der Steuermann, der allein die Gewässer jener Gegend richtig kannte, trotz aller Bitten, Befehle und Drohungen das Steuerruder los, warf sich auf die Planken des Schiffes nieder und verrichtete die vorgeschriebenen Gebete. Ein Ersatzmann musste an seine Stelle treten, wiewohl das Schiff in höchster Not war. Und er blieb so die ganze Nacht und den ganzen Tag, während sie hin und hergeworfen wurden und mehr als einmal nahe am Untergang waren. Als aber am Samstagabend die Sonne ihre Bahn vollendet hatte, erhob er sich und ergriff das Steuerruder und brachte das Schiff sicher in den nächsten Hafen.

Eine andere Geschichte ist die von den Makkabäern. Die kämpften in einer Zeit, als das Land von Fremden unterjocht war, für seine Befreiung. Es war nur eine verhältnismäßig kleine Schar, aber sie kämpften mit heldenhaftem Mut und verstanden es immer wieder, sich der Übermacht der andern zu erwehren. An einem Sabbath aber wurde ihr Schlupfwinkel verraten und die Feinde kamen über sie. Es war eine sehr günstige Stellung, die sie hatten, und sie hätten sich wohl verteidigen können. Aber es war Sabbath, und sie hielten die Sabbathgesetze und ließen sich niedermachen Mann für Mann.

Das sind Geschichten, die uns heute recht seltsam vorkommen. Aber man könnte noch viele der Art erzählen. Und sie zeigen doch, wie sehr ernst man diese Gebote nahm. So ernst, dass man bereit war, den Gehorsam gegen sie mit dem Tode zu besiegeln.

Das, siehst Du, war der Sabbath, der Saturntag, der Tag des Nicht-Tuns.

Trotzdem haben wir ein zwiespältiges Gefühl bei diesen Geschichten, nicht wahr. Man kann wohl die Größe, die Entschiedenheit, ja den Heroismus nachfühlen, der darin liegt – und empfindet zugleich doch, dass da etwas unsinnig ist, irgend etwas nicht in Ordnung ist. Da war ein Gesetz, das einmal groß und heilig und fruchtbar gewesen war, in Widersinn erstarrt, in Widersinn, vor dem die Menschen doch ratlos standen.

Das aber war eigentlich überhaupt die Situation jener Zeit, nicht nur im israelitischen Volk, nur ausgeprägter und deutlicher war sie dort. Und es gibt ein Bild, an dem Du das, was so entstanden war, sehr deutlich sehen kannst.

Lass Dir von der Mutter einmal das Bild von der Statue des Chefren zeigen, dieser wunderbaren ägyptischen Plastik. Da siehst Du den König dasitzen in feierlicher Ruhe. Er sitzt eigentlich in solcher Sabbath-Ruhe da, regungslos wie erstart und den Blick in unendliche Fernen gerichtet. Hinter seinem Haupt aber, ihn wie überschattend mit seinen Flügeln, siehst Du den Horus-Falken, den Vogel des Sonnengottes, der flüstert ihm die Urgeheimnisse der Schöpfung zu. Es gab einmal eine Zeit, da vernahmen die Menschen noch, wenn sie ganz stille wurden, reglos lauschten, die heilige Musik der Sterne, in ihrem Leibe, in ihren Gliedern, die ja aus diesen Klängen heraus geschaffen waren. – Aber dieser Klang wurde immer leiser. Immer mehr entfernten sich bitte freimachen

**Liebe Leserin, lieber Leser,**
gern informieren wir Sie regelmäßig
über unser Verlagsprogramm.
Wenn Sie das wünschen, schicken Sie bitte
diese Karte ausgefüllt an uns zurück!

Meine Anschrift lautet:

Vorname / Name oder Institution

Straße / Hausnummer

Postleitzahl / Ort

e-mail

Verlag Johannes M. Mayer
Am Wallgraben 142

D-70565 Stuttgart

ja die Menschen von ihrem Ursprung und die verhär-
tende und verdunkelnde Macht der Sündenkrankheit
wurde größer und größer. Und es kam die Zeit, wo die
Menschen nichts mehr vernahmen. Der Horus-Falke,
der Vogel des Sonnengottes war fortgeflogen.

Wenn Du Dir das nun vorstellst: diese Statue, aber
ohne den Falken – dann hast Du vor Dir, was wie ein
Bild jener Zeit ist. Sie verharren noch immer in ihrer
alten Haltung des hingegebenen Lauschens – aber sie
hören nichts mehr. Und es bleibt nur noch diese starre
Haltung, so sinnlos sie auch geworden sein mag. Aber
sie haben ja eben nichts anderes. Und darum wollen es
auch viele gar nicht wahrhaben, dass da alles leer und
sinnlos geworden ist, nur noch die leere, starre Form,
die in Wahrheit das Leben hindert und nicht fördert.

In diese Welt kommt der Christus.

Zwei Geschichten werden erzählt: vom hungernden
und vom kranken Menschen. Die eine spielt draußen auf
dem Feld, die andere in der »Schule«, in der Synagoge,
an der Stätte also, wo die Tradition des Sabbaths ganz
besonders gepflegt wurde, und der kranke Mensch dort
ist von einem Übel befallen, das – nun ja, das eben die
Offenbarung dessen ist, wie dieser Sabbath auf den
Menschen wirkt. Eine »verdorrte« Hand, heißt es. Die
Hand, mit der er wirken und schaffen sollte, ist erstarrt,
gelähmt, er kann nichts tun, der Mensch.

Das Wichtigste an diesen beiden Geschichten ist ja
aber das andere: die Auseinandersetzung mit den Phari-
säern. Wer ist das, die Pharisäer? Du hast das Wort
sicher schon oft in einem ganz bestimmten Sinne für
diesen oder jenen Menschen gebraucht, in Büchern gelesen oder sonst gehört; als die Bezeichnung für einen

bestimmten Charakter. Diese allgemeine Bezeichnung ist von einer Geschichte hergekommen, über die wir vielleicht später noch sprechen werden, und sie ist keineswegs ausreichend für das, was ursprünglich damit verbunden war.

Die Pharisäer waren eine Art Orden, sogar ein sehr strenger Orden, und hochgeachtet. Und im Mittelpunkt seiner Bestrebungen stand: das Gesetz. Die Erforschung und die Befolgung des Gesetzes. Und der Glaube, dass in der Befolgung des Gesetzes, das in seinem Ursprung ja aus der Gotteswelt stammte, aus der Moses es einst herniedergetragen hatte, dass in seiner Befolgung etwas wie ein Gottesdienst geschehe, der göttliche Kräfte magisch auf die Erde herabzwinge.

Sie waren eigentlich die rechten Sabbath-Menschen die Pharisäer. Ihr Ideal war es gradezu, nichts zu tun von sich aus, nur das Gesetz zu erfüllen, das in tausend und abertausend Einzelvorschriften aufgelöst und zerspalten war: ein unendlich kompliziertes und kunstvolles Gebäude, in dem wohl zuweilen noch etwas wie ein ferner leiser Hauch der Gotteswelt einen anrühren konnte, das aber im Ganzen so war, als wenn nun diese erstarrte Statue dadurch wieder zum Leben erweckt werden sollte, dass man all die tausend und abertausend Nerven und Adern und Sehnen, Gewebe und Gelenke und Organe studierte und jetzt künstlich in Bewegung setzte.

Sie nahmen das sehr ernst. Aber ihr Ernst wurde ein finsterer Fanatismus. Und wo sie etwas von Erfüllung spürten, da wurde es eitle Selbstgerechtigkeit.

Es war etwas Tragisches um diese Menschen, bei denen oft viel ehrlicher guter Wille zu gar nichts weiter führte, als dass die Finsternis nur immer tiefer und tiefer herabsank. Und das Furchtbare war, dass sie diese Finsternis für Licht, dieses starre, mechanische Geklapper der Marionette für Leben hielten und das wahre Licht und das wahre Leben darum hassen mussten.

Hier, siehst Du, kommen wir an das Mysterium heran, an dieses Rätsel: wie war es nur möglich, dass es Menschen gab, die Christus hassten? Nicht nur ablehnten, sondern hassten! Und dabei noch meinten, ganz und gar im Recht zu sein gegen einen sehr gefährlichen Menschen. Es gab in diesem Orden natürlich auch einige Menschen, die anders dachten und fühlten. Aber die allermeisten meinten eben doch, es sei am besten, ihn umzubringen. Wie war das nur möglich?

Nun, an dieser Stelle sieht man eben sehr deutlich was damals geschehen war: finstere, dämonische Gewalten hatten sich an die Stelle der lichten himmlischen Mächte gedrängt und inspirierten die Menschen, als ob sie göttliche Mächte wären. Der Horus-Falke war fortgeflogen – und dunkle Unglücksraben flüsterten den Menschen ihren Willen zu. Es war finster geworden auf der Erde. Und die Finsternis gab sich für Licht aus – das war das Schlimmste.

So entstand der Hass gegen Christus. Die Finsternis hasst das Licht. Die Dämonen waren es eigentlich, die diesen Hass in die Menschenseelen legten. Und als sie erreicht hatten, was sie wollten, als Christus von den Menschen, die ihre Werkzeuge geworden waren, ans Kreuz geschlagen war, sprach Christus diese Worte voll unendlicher, göttlicher Hoheit und Liebe: »Vater, vergib ihnen; denn sie wissen nicht, was sie tun.« Er vermochte es, in der Stunde qualvollster Leiden, nicht nur still dies

Leiden zu tragen, er schwang sich darüber hinaus und bat noch für die, die ihm diese qualvolle Marter zugefügt hatten.

Er wusste: sie sind ja in dieser furchtbaren Verdunkelung und Täuschung durch die Dämonen befangen, diese Menschen. Und er war so unendlich überlegen in seiner Liebe, dass er's vermochte, für sie zu bitten. »Liebet Eure Feinde! Segnet die Euch fluchen!« Was er damals in der Bergpredigt gesagt hatte, das tat er. Es gehört freilich eine Größe und eine Kraft der Seele dazu, die alles andere übertrifft. Ihr nachzustreben ist wohl das höchste Ziel des Menschen! Es ist das, wovon in der österlichen Feierstunde Fräulein Lüdicke so schön zu Dir gesprochen hat: die Liebe.

Nun sind wir, scheint's, weit von unserer Geschichte abgekommen. Aber wir sind in Wirklichkeit ganz nahe dabei.

Christus hat, als er das Ährenausraufen der Jünger billigte und die verdorrte Hand heilte, Dinge getan, die die Sabbath-Gesetze verletzten. Und seine Widersacher frohlockten: er hatte das Gesetz übertreten; er war kein Heiliger, konnte man jetzt den Menschen sagen, sondern ein Frevler. Und sie hielten's ihm vor.

Hatten sie nicht recht? Hatte nicht Christus sogar das Wort verletzt, das er selbst gesagt hatte: »Ich bin nicht gekommen, das Gesetz aufzulösen sondern zu erfüllen«? Was kann er noch erwidern?

Um mit diesem letzten Letzten anzufangen: Christus hat auch das Sabbath-Gesetz »erfüllt«, hat es erfüllt wie es nie ein Mensch gekonnt hat. Das geschah an dem letzten, heiligsten aller Sabbathe, an dem »stillen Samstag«, da er im Grabe ruhte. Wir werden davon später noch mehr sprechen müssen. Aber so viel wollen wir jetzt schon sagen: das war in der letzten äußersten Vollkommenheit, in einer bis an den äußersten Rand erfüllten Vollkommenheit. Was der Sabbath eigentlich sein wollte, sein sollte: der Weg zum Vater. Das Eingehen in die allertiefste Ruhe. Denn das war der Unterschied im Sterben des Christus vom Sterben der Menschen: die Menschen löschten alle aus im Tode – Christus aber erlosch nicht. Sein Sterben war wie ein immer tiefer und gewaltiger werdendes Gebet und betendes Nachsinnen bis hin zu den allerletzten, allertiefsten, allerverborgensten Geheimnissen des Daseins; bis hin zu dem tiefsten Grunde der Welt. Er war, er ist, stärker als der Tod, er wurde seiner Herr.

Das gehört zu den letzten und allertiefsten Geheimnissen, aber wir mussten jetzt wenigstens einmal daran rühren. Christus hat auch dies Gesetz erfüllt.

Und nun zu dem anderen. Ja, im Sinne der Pharisäer hat er ein Gesetz verletzt. Er hat mehr getan: er hat es zerbrochen. Aber das war nicht das göttliche Gesetz, sondern das, was die Mächte der Verfinsterung daraus gemacht hatten: der Irrweg des Gesetzes, der die Menschen verhungern, verdorren in Untätigkeit erstarren lässt. Was die Pharisäer als Gesetz predigen – das offenbart der Christus – ist nicht mehr Gottesdienst sondern Dämonen-Dienst. Und dies Gesetz zerbricht er. Er zerbricht es aber nur, indem er ein neues Gesetz, den neuen Weg auftut. Was sagt er?

»Wenn Euch ein Tier in den Brunnen fällt, dann zieht Ihr's heraus auch am Sabbath«, erwidert er denen, die ihm Vorhaltungen machen. »Und einen Menschen, Euren Mitmenschen den lasst Ihr ruhig verderben« –

muss man ergänzen. »Das seht Ihr gar nicht! Da brennt nicht Euer Herz in Mitleid! Tot und erstarrt ist Euer Herz!« Er spricht das nicht aus, aber das ist ja doch der Sinn seiner Worte. »Wo es um Euren Besitz geht, da schafft Ihr Euch Ausnahmen! Aber es geht ja um den Menschen! Brennte doch Euer Herz in Erbarmen mit dem Menschen! Erwachte es doch! Würde es doch lebendig, Euer Herz!«

Das ist das neue Gesetz, das er aufstellt: das Gesetz der Liebe. Das ist der neue Weg, den er den Menschen eröffnet: der Weg des lebendigen Herzens. Der neue Weg zu Gott, der neue Gottes-Dienst, das neue Gottes-Gesetz.

Es sind die tiefsten, die innerlichsten Kräfte des Menschenwesens, die er aufruft. Sieh, mein Schnupper, wenn Dich einer fragte: »Warum liebst Du die Menschen?«, was würdest Du antworten? Wir könnten wohl nur sagen: »Wir lieben – weil wir eben lieben«. Nicht, weil's uns einer geheißen hat – ach, Liebe kann man nicht befehlen! – es ist eben in uns. Es ist unser eigenstes, unser tiefstes Ich: Liebe.

Das ist die Kraft des Christus in uns. Die Kraft, die Christus im Menschenwesen erweckt hat: die Sonnenkraft. Aus dem tiefsten Innern heraus, im Mitfühlen, liebenden Mitfühlen mit der Umwelt handeln – das ist wahres Menschentum, das der Christus erweckt.

Und nun können wir auch den Satz verstehen, der sonst so leicht missverständlich wird: Darum ist des Menschen Sohn Herr auch des Sabbaths. Es heißt nicht, dass Christus sich das Recht anmaßt, willkürlich mit den Gesetzen umzugehen. Es heißt dies: diese innerste tiefste Ichkraft des Menschen, die da in ihm geboren wird, die wir Liebe nennen, sie kam in die Welt in Christus. Und sie war es, die am Kar-Samstag »Herr wurde« des Todes – und zur Auferstehung führte.

Siehst Du, deshalb feiern wir den Sonntag, den Sonnen-Tag. Weil wir die Sonnenkräfte der Auferstehung feiern wollen. Über jedem Sonntag sollte eigentlich etwas von diesem Osterglanz liegen. Das wird die Kraft in uns beleben, die die verdorrende, erstarrende Todesmacht der Dämonen überwindet! Dass wir mit Christus mitschaffen können an der neuen Welt. Zu einem tätigen, mutvoll wirkenden Wesen wird der Mensch durch Christus geheilt.

# 9. Brief

Meine liebe Beate!

Wenn ich auch nicht, wie wir's wohl alle am liebsten hätten, jetzt neben Dir sitzen kann, so weißt Du doch, dass ich mit allen meinen Gedanken und meinem ganzen Herzen in dieser Stunde bei Euch bin. Und ich möchte Dir auch wie all die lieben Menschen, die sich heute bei Euch versammelt haben, ein paar Worte sagen, die nicht nur für diesen Augenblick bestimmt sind, sondern Dich aus dieser Stunde in Dein ferneres Leben hinein begleiten sollen. Und das ist dieses:

Die da heute bei Euch sind, sind gekommen, weil sie Dich lieb haben. Aber es ist noch etwas anderes, was sie alle eint und zu einer wahren Gemeinschaft macht. Das ist, dass sie alle zu denen gehören, die den Christus lieben und ihm folgen wollen; und als solche sind sie heute auch eigentlich bei Euch. Denn was Ihr in dieser Stunde miteinander erleben wollt, das soll ja noch unter dem Zeichen dessen stehen, der das Menschbild wiederhergestellt, wieder in einen hohen gottverwandten Rang eingesetzt und den Menschen mit der Gotteswelt versöhnt hat. Und wo Menschen so zusammenkommen, da wird dann mehr da sein als nur sie selber: sie werden zu der Gemeinschaft des Christus, in der er anwesend ist.

Diese Gemeinschaft des Christus, das Wunder dieser Gemeinschaft ist etwas, was es immer geben wird, ganz abgesehen davon, ob nun Gemeinden und ihre Feiern bestehen oder nicht. Sie wird es geben, solange überhaupt Menschen auf Erden leben. Denn als der Christus sein Erdenleben vollendet hatte, ging er nicht in einen fernen Himmel zurück, da kam er erst recht zu den Menschen. Ihren äußeren Augen war er wohl entschwunden. Aber die Grenze des Himmels, in den er nun eintrat, den er schuf und mit seinem Wesen füllte, geht durch alle Erdenräume und mitten durch die Herzen der Menschen hindurch. Und in jedem Augenblick kann er die feine Grenze überschreiten und mitten unter uns sein. Es kommt nur auf uns an.

Es werden aber immer Menschen-Gemeinschaften sein, – mögen sie nun groß oder klein sein – in denen seine helfende und uns zu unserem wahren Wesen führende Kraft in besonderer Weise wirksam wird. Denn es ist immer die ganze Weite und die ganze Fülle des Menschlichen, die er sucht, zu der er uns führen, und aus der heraus er wirken will. Deshalb suchen wir mit Recht immer wieder die Gemeinschaft, wenn wir eine Feier begehen wollen, die uns in unserem wahren Menschentum bestärken und zu uns selber führen soll. Die Gemeinschaft des Christus. Diese Gemeinschaft hat aber noch eine Eigentümlichkeit. So klein auch der Kreis derer sein mag, die da versammelt sind, und wenn es nur zwei oder drei sind – sie wächst ins Unendliche. Denn sie reicht auch in die Gebiete hinein, in denen die wohnen, die über die Schwelle des Todes geschritten sind. Und so mögen wir heute auch derer gedenken, die diesen Schritt getan haben und sich als Paten aus der Güte ihrer Herzen einst mit Deinem Schicksal verbunden haben: der guten Mutter Rau, des lieben Vater Rau und der Großmutter, die Deine ersten Lebensjahre liebevoll betreute. Mögen sie von drüben her ihre helfenden Liebeskräfte zu Dir senden! Mit ihnen vereint wollen wir sagen:

Möge des Christus Menschen-segnendes Wesen anwesend sein in dieser Gemeinschaft, die Dich heute umgibt und Dich in ihre Mitte aufnehmen will. Möge es wirksam sein in dieser Feierstunde, die Dir helfen soll, in rechter, menschlicher Weise die Schwelle zu überschreiten, über die Du nun ja gehst: von der Kindheit zur Jugend. Möge es fortleuchten durch Dein ganzes künftiges Leben in dem Licht des Wortes, das ich Dir nun mitgeben möchte, des Wortes, das das Matthäus-Evangelium beschließt, des Wortes, das der Auferstandene spricht in dem Augenblick, da er ins Unsichtbare eingeht:

Siehe, Ich bin bei Euch
alle Tage
bis zur Vollendung der Erdenzeit.

Und das ist mein Wunsch zu dem heutigen Tage:

Mögest du immer wieder diese Gemeinschaft des Christus finden und ihrer helfenden und segnenden Kraft teilhaftig werden!

Und mögest du selber dereinst herauswachen zu einem rechten und würdigen Glied dieser Gemeinschaft und selber anderen zum Segen werden!

Ostern 1945